U0529197

本书是教育部人文社会科学研究项目（项目批准号：17YJA630073）、河南省哲学社会科学规划项目（项目批准号：2017BZZ005）的研究成果。

The Effects of Servant
Leadership on Employee Voice Behavior

服务型领导与员工建言行为

孟勇 著

中国社会科学出版社

图书在版编目（CIP）数据

服务型领导与员工建言行为/孟勇著．—北京：中国社会科学出版社，2019.6
ISBN 978-7-5203-4670-2

Ⅰ.①服… Ⅱ.①孟… Ⅲ.①企业领导学—研究—中国②企业管理—人事管理—研究—中国 Ⅳ.①F279.23

中国版本图书馆 CIP 数据核字（2019）第 136339 号

出 版 人	赵剑英
责任编辑	王 琪
责任校对	季 静
责任印制	王 超

出　　版	中国社会科学出版社
社　　址	北京鼓楼西大街甲 158 号
邮　　编	100720
网　　址	http://www.csspw.cn
发 行 部	010－84083685
门 市 部	010－84029450
经　　销	新华书店及其他书店
印　　刷	北京明恒达印务有限公司
装　　订	廊坊市广阳区广增装订厂
版　　次	2019 年 6 月第 1 版
印　　次	2019 年 6 月第 1 次印刷
开　　本	710×1000　1/16
印　　张	14.5
字　　数	201 千字
定　　价	69.00 元

凡购买中国社会科学出版社图书，如有质量问题请与本社营销中心联系调换
电话：010－84083683
版权所有　侵权必究

序

领导理论研究一直是管理学研究的核心问题。自20世纪初以来，西方学者们先后提出了领导特质理论、领导行为理论、领导权变理论与新型领导理论（包括变革型领导、魅力型领导、服务型领导、诚信领导等）。改革开放后，我国学者也开始采用科学的方法对领导理论进行研究。我国著名管理心理学家、中国工程心理学创始人徐联仓研究员在20世纪80年代将PM理论引进中国；凌文辁教授结合中国文化背景，提出了CPM领导行为理论；郑伯埙教授对富有中国特色的家长式领导进行了开创性的研究。进入21世纪，越来越多的学者开始重视领导理论的研究，时勘教授、王重鸣教授、赵曙明教授等最早对领导者的胜任特征进行了深入的研究；王辉教授等对战略领导、领导成员交换理论进行了研究；贾良定教授、张丽华教授、李超平教授等对变革型领导进行了研究。最新的元分析结果表明，诚信领导、伦理领导等的预测力并没有超越变革型领导，而服务型领导对许多结果变量都有自己独特的贡献。最近几年，国内学者开始以追踪研究、案例研究等多种方法对服务型领导进行研究。但是，国内少有服务型领导方面的研究专著。孟勇教授的新作《服务型领导与员工建言行为》填补了这一空白,开启了我国服务型领导研究的新篇章。

　　员工是对自己的工作最了解的人之一,但是在工作中出现问题后,只有部分员工选择向领导反映问题,不少员工都选择了沉默。员工的这种沉默极有可能会使领导不能及时发现问题的存在,并采取相应的措施来解决问题,最终导致组织效率的下降,甚至出现更为严重的问题。正是在这一背景下,管理学学者开始关注对员工建言的研究。员工建言这一概念提出的时间不长,但是已经成为组织行为学的最新热点之一。孟勇教授敏锐地认识到了服务型领导对员工建言的影响,并采用实证研究的方式对两者之间的关系进行了检验。其研究结果也表明,与变革型领导相比,服务型领导能让下属表现出更多的建言行为。心理所有权虽然是西方学者提出的概念,但和"当家作主"异曲同工。孟勇教授引入这一概念来揭示服务型领导的作用机制,既符合国情,又富有理论生命力。其研究结果也证实了这一点,心理所有权是服务型领导影响员工建言的重要中介变量。权力距离是文化价值观的重要维度之一,以往的研究也表明我国是一个高权力距离的国家,这一文化价值观是否会对服务型领导的作用机制产生影响。孟勇教授用实证证据揭示了这一问题的答案,让我们对服务型领导的边界条件有了更全面的认识。

　　孟勇教授的专著与国内其他学者的研究,已经让我们对服务型领导有了较为深入的了解。但总体来说,国内服务型领导的研究才刚刚起步,还有很多问题需要进一步研究。希望国内能有更多的同人认识到服务型领导的重要意义,采用科学的工具与方法,积极开展服务型领导的研究,深入探索服务型领导的作用、影响机制、边界条件等，为国内服务型领导的培养、为我国服务型政府的建设贡献智慧。

李超平

中国人民大学公共管理学院组织与人力资源研究所教授、博导

中国人民大学公共管理学院人才选拔与评价研究中心主任

OBHRM 百科（www.obhrm.net）发起人

目 录

第一章 绪论 …………………………………………………… (1)
 第一节 研究背景 …………………………………………… (1)
 第二节 研究目的与意义 …………………………………… (6)
 第三节 研究方法 …………………………………………… (10)
 第四节 研究内容 …………………………………………… (11)

第二章 服务型领导 …………………………………………… (15)
 第一节 领导理论的发展 …………………………………… (15)
 第二节 服务型领导的内涵 ………………………………… (29)
 第三节 服务型领导的测量 ………………………………… (34)
 第四节 服务型领导的相关研究 …………………………… (41)

第三章 建言行为 ……………………………………………… (50)
 第一节 建言行为的内涵 …………………………………… (50)
 第二节 建言行为的维度与测量 …………………………… (53)
 第三节 建言行为的相关研究 ……………………………… (58)

第四章　心理所有权 …………………………………… (70)
第一节　心理所有权的内涵 ………………………………… (70)
第二节　心理所有权的结构与测量 ………………………… (80)
第三节　心理所有权的相关研究 …………………………… (86)

第五章　权力距离 ……………………………………… (91)
第一节　权力距离的内涵 …………………………………… (91)
第二节　权力距离的维度与测量 …………………………… (94)
第三节　权力距离的相关研究 ……………………………… (97)

第六章　理论模型与研究设计 ………………………… (106)
第一节　理论模型 …………………………………………… (106)
第二节　研究假设 …………………………………………… (110)
第三节　研究步骤 …………………………………………… (127)
第四节　研究对象 …………………………………………… (129)
第五节　测量工具 …………………………………………… (133)

第七章　结果与讨论 …………………………………… (149)
第一节　人口统计学变量检验 ……………………………… (149)
第二节　领导风格对员工建言行为的影响 ………………… (159)
第三节　心理所有权的中介效应检验 ……………………… (179)
第四节　权力距离的调节效应检验 ………………………… (185)
第五节　调节中介模型的构建与检验 ……………………… (189)

第八章　主要结论与启示 ……………………………… (198)
第一节　主要结论 …………………………………………… (199)
第二节　启示 ………………………………………………… (203)

第三节 不足与展望………………………………………(211)

参考文献……………………………………………………(212)

后　记……………………………………………………(223)

第一章

绪　　论

第一节　研究背景

一　现实背景

认识世界发展大势，跟上时代潮流，是一个极为重要并且常做常新的课题。特别是现代科学技术的飞速发展，经济全球化、知识化程度的加剧，既给企业带来了巨大发展机遇，也增强了企业发展的不确定性，特别是处于这样瞬息万变、竞争激烈的市场中，企业只有保持灵活性、创新性，提高适应性才能在复杂多变的外部环境中立于不败之地。因此，在应对变幻莫测的外部发展环境时，企业需要快速响应市场需求、把握时机，同时与时俱进，解决技术服务问题，时刻保持自己的产品或服务的创新。如何保持这样高度的创新性和源源不断的生命力是当前众多企业面临的重要问题。

面临机遇与风险并存的挑战时，以往企业通常更多地从领导和管理者的角度进行调整，并应用于管理实践。而在当前，人才、知识、科技等人力资源取代土地、动植物、矿产材料等自然资源，成为企业生存和发展的核心要素。变幻莫测的发展环境，知识与科学技术的超时速更替，以及一些大中小企业的倒闭破产，更是增强了企业的危机意识。目前，"创新，或者死亡"已经成为许多企业组织的普遍态度意识，驱使企业坚持创新理念、转化为持续的创新实践行为，维持企业的生存与发展。仅仅依靠领导和管理者，难以使企业一直保持良好的发展势头，想要维持企业的良性循环，保持较高的经营灵活性和市场适应性，单靠领导层面的变革实践是远远不够的。新时代，人才资源成为企业核心竞争力形成和可持续竞争优势打造的主要因素，知识与技术的更新换代更是让企业重新审视企业发展的动力所在。

激发员工的主动性和能动性，增强企业的创新能力，使员工能够充分发挥自己的聪明才智，为企业的发展注入源源不断的活力就显得尤为重要。员工的价值已经不仅是出色的工作表现与劳动能力，还体现在提出创新性与建设性的观点和看法，为企业的发展出谋划策，改进工作方法，进一步提高工作效率与组织绩效。这从创新角度保证了组织发展的灵活性、适应性与持续性。因此，员工合理的建言行为能够引起领导与管理者的重视，基于组织发展和组织战略布局的视角考虑员工建言的可行性与实践提升效果，有助于改善工作方式，促进组织有效决策，从而做好预防危机工作、提高组织的战略有效性和市场适应性。

Hirschman 最早指出建言是员工或顾客对组织表达不满时的一种反应。[1] 伴随着组织公民行为等角色外行为研究的开展，建言行为得到了重视。LePine 和 Van Dyne 指出，建言行为是组织成员为改进工作状况或组织环境而主动提出建设性意见的行为，强调其人际沟通作用，向组织分享关于组织管理及其他方面的观点与想法，重在促进和改进工作。[2] 员工主动向组织建言，能够获得更高的工

---

[1] A. O. Hirschman, *Exit, Voice, and Loyalty: Responses to Decline in Firms, Organizations, and States*, Cambridge, MA: Harvard University Press, 1970, p. 10.

[2] J. A. LePine, L. Van Dyne, "Predicting Voice Behavior in Work Groups", *Journal of Applied Psychology*, Vol. 83, 1998, pp. 853–868.

作绩效与绩效评价，在创造力方面也有较好的表现，且这一行为有利于组织采纳并执行新的观点，对员工工作投入和公司组织建设、创新绩效都有着积极影响。

  实践中发现，管理者能够认识到员工对于组织发展的重要意义，制定了许多规章制度和奖惩措施来保证员工建言的安全性，提高员工对组织各项工作的参与程度，但实际效果并不理想，员工会有意识地保持沉默，不发表对组织运行、管理制度的任何看法与意见。究其原因在于，中国传统文化强调中庸思想，即为人处事不偏不倚，保持中立，而且认为和谐稳定是组织生存发展的关键，因此他们采取"沉默"既是出于保全自己的想法，也是想继续维持组织和谐稳定的关系。有很多历史典故，如"树大招风""枪打出头鸟""锋芒毕露""木秀于林，而风必摧之"，都表明了中国人对建言行为持谨慎态度，若员工表达不同看法，或提出与组织制度、运行现状相关的意见都会被视为破坏组织人心稳定和抵触、漠视组织纪律的不良行为，可能会被同事孤立，这些"冷暴力"会对员工产生不利的影响，甚至被炒鱿鱼，影响员工的生存与发展，最终导致员工继续保持沉默。因此，对员工的建言行为及其影响因素进行深入研究非常有必要。

  领导者是企业的核心要素之一，会影响组织工作的方方面面，对组织环境、员工认同与创新发挥着极其重要的作用。每个人都有自己的独特性，领导者也不例外，不同领导者的行为风格会营造出不同的组织气氛，进而影响员工的工作绩效和企业组织的经营绩效；而领导对员工建言的态度则会产生广泛而深刻的影响。在组织内，倘若领导方式得当，组织氛围宽松、自主，领导者与管理者充分鼓励员工建言，可以充分调动员工的积极性，激发员工的工作投入，提高对组织的认同感和归属感，增强组织团队的凝聚力，使企业能够从容应对组织内外部的压力与竞争。领导者引导和控制着企业的组织文化，从战略和大局角度控制企业的发展方向，倘若领导者的行事风格让员工感觉到敌意，则根本不会顶着巨大风险"进谏"。特别是受中国传统思想的影响，认为建言属于以下犯上的冒犯行为的员工更是难以表达自己对组织发展的看法，组织也难以有效获取合理化的建议与意见。

二 理论背景

国外学术界对建言行为的研究，涵盖探讨建言行为的影响因素，以及不同因素对建言行为的作用机制等。我国的市场经济体制起步相对较晚，组织发展、实践研究等还不够成熟，由于受社会制度和文化差异等方面的影响，中国文化情境下员工建言影响因素表现出不一样的特点，与国外情境有一定的不同，故借鉴国外有所限制。目前国内学者对建言行为的研究较多沿用西方的概念，如变革型领导、交易型领导、魅力型领导、参与式领导、授权式领导等领导风格对建言行为的影响等，而较少研究究竟哪种领导风格能够激发员工的积极性与能动性。因此，领导行为对建言行为的作用机制还有待于进一步深化研究，以期探索出更适合中国文化背景下员工建言的模型。

研究发现，在组织情境中领导行为是决定建言行为的重要情境变量。员工是否愿意提出有利于公司发展的合理建议在很大程度上取决于领导的处事风格，这在我国组织中表现得尤为明显，中国文化注重等级制度，遵从和强调"上尊下卑"，领导和管理者与下属员工之间存在关系不对称的问题，无论直属领导的想法、观点是否正确，均可使下属员工按其命令执行，直属领导在一定程度上控制了下属员工在本企业的发展命运。在中国背景下，变革型领导能够正向促进组织内的建言气氛，大多研究关注变革型领导对员工建言的积极影响，然而这种影响并不是一成不变的，变革型领导对建言行为的影响作用受其他变量的影响，加入一些变量之后变革型领导与建言反而不相关，这是一个值得继续深入探究的问题。除了变革型领导，其他领导类型如真实型领导、家长式领导、伦理型领导、授权式领导、参与式领导、魅力领导等对建言行为也有较为明显的影响。服务型领导作为符合中国国情的一种类型，近年来也越来越受关注。服务型领导是指在企业组织里以满足员工的需求、愿望和利益为宗旨，并以此方法持续影响和领导下属员工的一种领导类型，有利于提升员工的自我效能感，增强其组织承诺，更有利于激发员工的创新意识，使员工敢于直言，有效执行，提升组织经营绩效。

　　以服务、利他和授权为特点的服务型领导与建言行为在管理理念上具有一定的相似性，但目前两者之间的关系研究尚缺乏实证结果的支持，需要进一步进行实证验证。服务型领导强调服务动机，强调领导的责任是视下属员工为服务对象，对其发展及需求提供各种资源与支持。从社会交换理论来说，服务型领导的服务行为是领导对员工进行资源支持与投入的行为，是为了建立与员工的良好社会交换关系。当员工感受到领导的信任、重视与认可时，基于回报组织、领导的想法或互惠原则，员工才会说出自己的想法，即使这种角色外行为并不一定会伴随着绩效或者薪酬上的变化。而很多员工在面对组织发展的关键问题时，常会隐藏自己的真实想法，保持中立，从而维持企业组织的平静状况。这种现象却难以社会交换理论来解释。从资源守恒理论来看，建言行为是应对压力的反应，当个体面对压力环境时可能会保持沉默，当个体出于资源获取的目的时，则会较多的选择建言行为来获取额外的资源达到自我服务的目的。这从一定程度上说明了个体自身对建言行为的影响，却不能解释员工在无所求状况下对企业组织的建言。也就是说，社会交换理论与资源守恒理论都存在一定的限制条件，对建言行为的研究有待深入。

基于上述分析，本研究将从领导角度入手，研究领导类型对建言行为影响的差异性，并着重探寻服务型领导对建言行为的影响机制。

第二节　研究目的与意义

一　研究目的

本研究试图从领导行为的角度特别是服务型领导的角度来探索建言行为的影响因素，并阐明其中的作用机制。研究目的主要有以下几个方面。

（1）不同类型的领导行为对员工建言产生的影响是否一致。

建言行为是指对现状做出建设性的改变，要达到改善的目的而非批评，它具有人际互动的特点，管理者和领导者的方式是有效的预测变量，但以往研究较多以西方领导理论为出发点，研究单一领导方式，且缺乏中国本土化的研究，对中国组织的指导意义有限。因此，领导行为的多样化是否会对员工建言产生不一样的影响是本研究的目的之一。

（2）服务型领导如何影响员工的建言行为。

在企业管理实践中发现，员工并不愿意主动建言，促进组织的改进与发展。原因在于员工的安全能否得到保证，建言的风险与员工恐惧的后果是否一致，这都是危及员工生存的大事。虽然建言行为的影响常通过一些"安全"属性的变量来实现，但是即便采用一些方式来促进建言，收效并不明显。有的企业要求员工高度服从纪律、简单高效执行，这更增添了员工建言的难度，加重了其心理负担。因此，应从强调服从执行的领导方式转变成服务利他的领导方式来减轻员工的精神压力，使其勇于表达对公司的建议。服务型领导以服务员工为目标，提供各种方式和资源，帮助员工提升自己，从而提升组织的整体绩效，相关研究已证实服务型领导会对员工的建言行为产生影响，但进一步的中介作用机制或影响机理如何，还有待深入研究。这对于指导组织如何采取有效的方式促进员工建言、减少员工沉默行为具有非常重要的参考意义。

（3）探讨心理所有权在服务型领导影响员工建言行为中的作用。

心理所有权是指员工将工作或组织当成是"我的"一部分的感受。高心理所有权的员工将组织定义成自己的，自己作为主人翁，应该也必须为组织的发展贡献力量，即使中间出现艰难波折，仍会不遗余力地为组织发展发光发热。心理所有权使员工将组织当成自己的家，使员工既感受到家的安全、温暖，也体会到自己对"家"的责任感，它形成对应的中介作用机制。因此，在研究服务型领导方式对员工建言的作用时，还需探讨一些中介变量，尤其是将对组织产生影响的领导与深受组织影响的员工联系起来的心理所有权变量。探究心理所有权的中介作用，对于指导组织如何采取有效的方式使员工与组织、领导建立亲密联系，促进员工建言、减少员工沉默行为具有非常重要的参考意义。

（4）权力距离如何影响领导行为与员工建言之间的关系。

权力距离是文化与个性领域中最为广泛和重要的理论概念之一，它指的是社会对组织中权利不平等的可接受程度，它反映社会中弱势成员和强势成员在价值观上的不同。权力距离是中国文化传统的重要部分，强调"三纲五常""现代等级制"等权威主义思想在历史上出现的频率较高，受传统文化影响，中国员工也比较容易接受集权领导，愿意受领导的约束。权力距离对领导行为的影响不仅体现在下属员工对上级领导行使权力的认可程度，还体现在领导决策方式的变化，即使采用头脑风暴等扩展群体思维决策方式，决策也多是领导者自己单独做出的，同时权力距离的大小影响领导采用建设性或强制性方法解决人际冲突。此外，权力距离与领导方式的匹配程度会影响组织绩效，因此，权力距离对领导作用的发挥起着非常重要的作用。故有必要在服务型领导的研究中融入个体的价值观，这有利于更好地阐明具体情境下服务型领导对建言的促进效果。

二 研究意义

（1）理论意义

自 Greenleaf 提出服务型领导概念至今，服务型领导主要集中在理论建构领域，相应的实证研究与其他成熟的领导理论相比仍较为薄弱。我国对服务型领导的研究处于初步阶段，较多以文献研究为主，重点介绍服务型领导理论及相关研究，实证研究较少，探究服务型领导与员工建言之间关系的实证研究就更为少见。虽然有研究表明服务型领导影响员工建言，但相应的影响机制还未得到进一步验证与统一，研究结论无法进一步推广。因此，采用实证研究的方法探究服务型领导对员工建言的作用机制，丰富服务型领导与员工建言的实证研究，为进一步验证服务型领导的有效性与普适性提供实证依据。

（2）现实意义

21 世纪，知识型员工成为劳动力主体，强调和激励员工自主学习、主动成长，组织结构扁平化程度加剧，这要求管理者的授权意识和决策分享意识水平应与之一致来适应组织变革和发展的需要。此外，组织与领导者的伦理道德困境、员工的家庭与工作平衡状况，在应对外在的环境危机时，还需兼顾员工的组织发展。在这样的要求下，如何激励员工主动建言，并发挥自己的独特性和创造性，成为领导者在管理过程中要解决的首要问题。建言对中国组织员工来说并不是把发现的问题表达出来就可以了，员工会考虑该行为对自己的利益成本得失，特别是中国企业制度一方面强调服从，另一方面鼓励建言，这样的环境下，员工很难有胆量和动力去建言。

服务型领导强调服务导向与追随者中心，显示出与其他领导理论独特的优势，能够从服务角度更好地满足员工、组织与社会的利益，服务型领导能够降低员工工作倦怠，增加员工对组织和领导者的信任，增强工作满意度和组织承诺，对团队效能的提高也有明显的促进作用。因此，在中国文化背景下开展服务型领导与员工建言的研究将为中国组织提供领导科学的新思路，为进一步推广服务型领导这一新的领导风格提供理论依据，同时为进一步促进员工积极建言、提升组织服务型领导水平、保证组织的可持续发展提出建议。

三 创新点

本研究选题视角较为新颖。以往对建言行为的研究主要从单一领导风格来讨论，且目前探究不同领导风格对建言行为的影响研究较少。选取三种经典的本土化的领导风格，探究三种领导风格对建言行为的影响效应，从领导比较的角度来探究领导因素对建言行为的影响，并重点探究服务型领导对建言行为的影响作用。

本研究不仅从领导层面讨论其对建言行为的影响，也从个体层面探讨了建言行为发生的动机，重点研究服务型领导影响员工建言行为的中介机制。已有研究证明了心理所有权在其他领导风格对员工组织公民行为的影响中的中介作用，但鲜有提及在服务型领导对建言行为的影响中心理所有权扮演的角色。国内相关研究并不多见，因而希望本研究成果能丰富理论研究，为管理者激励员工建言提供参考。

本研究综合领导层面的因素与个体层面的因素，共同构建了影响建言行为的作用机制。探讨中国文化背景下，权力距离在服务型领导与建言行为关系中的作用，尤其是在服务型领导、心理所有权与员工建言行为的影响关系中的作用，有利于扩展对个体感知的权力距离的认识，讨论员工这一综合文化背景的个体因素对建言行为的影响，从多个层面探究建言行为背后的复杂性，丰富建言行为研究，为研究建言行为提供新的视角与方法。

第三节　研究方法

已有文献研究员工建言大都从组织环境、领导行为、员工个体的某一方面进行分析，缺乏兼具两者及以上的综合性研究，更缺乏中国文化情境下的综合研究。为确保研究过程的严谨性与结论的有效性，在对以往学者研究成果进行综述的基础上，主要采用如下方法开展研究。

（1）文献研究法。通过知网、PubMed、Google、国家哲学社会科学网等收集国内外有关建言行为的相关理论，并梳理相关的文献资料，系统总结概括关于建言行为、领导理论、权力距离及心理所有权的理论观点、研究成果及发展脉络，为考察员工建言行为的影响机制提供理论基础，同时归纳和分析前人研究中存在的盲点与不足，挖掘潜在的研究价值与课题，确定要研究的问题及其具有的价值。具体来说，通过数据库进行文献检索，搜集近几十年来国内外顶级管理学期刊和组织行为学期刊上的有关领导行为与建言行为的文献及与本书相关的文献，了解当下中国企业员工管理现状，特别是建言行为的状况，发现其中存在的问题与不足，明确各概念的定义与内容，以及各变量的测量方式等，为实证研究提供理论支持。

（2）问卷调查法。在文献研究的基础上，采用当前国内外研究中较为成熟的问卷量表，运用问卷调查的方法，以中国企业组织中的员工为样本，收集定量数据，为分析和检验员工建言行为的影响因素及其内在作用机制奠定基础。本书的数据来源于实地的问卷调查。

调查量表分两部分,一部分由直属领导填写,另一部分由员工完成,发放问卷200份,回收问卷194份,筛选出有效问卷185份。针对收集的样本数据,运用SPSS20.0软件进行分析,确定结构效度,再进一步分析变量之间的关系,验证变量之间的中介作用和调节作用。

(3)统计分析法。本书所用数据均由问卷调查而来,需用SPSS、Mplus等统计分析软件进行分析,主要包括数据的初步整理和验证分析两个阶段,采用了缺失值处理、描述性统计分析、共同方法偏差检验、信效度分析、相关分析和回归分析等多种数据处理的方法。主要包括问卷数据的初步整理,如奇异值、缺失值处理,描述性统计分析,共同方法偏差,信效度分析,相关分析及层次回归分析等。

第四节 研究内容

近年来,关于建言行为形成机制的研究也取得一些较为有价值的观点,但整体上较为零散,缺乏一定的系统性,而且缺乏对建言行为的认知形成机制的研究,目前在中国文化背景下这方面的研究还存在一些空白,有待于进一步研究。从社会交换和资源获取的视角来研究建言行为的形成,有利于减少员工的沉默行为,促进员工的建言行为。研究内容主要涵盖以下三个方面。

第一,对员工建言行为的相关理论和研究成果进行总结、梳理和分析。自20世纪50年代提出建言行为这一角色外行为以来,已经形成较为丰富的研究成果。对这些研究成果的总结分析,有助于搞清楚有关建言行为研究的发展阶段、发展脉络等进展情况,并深入发现目前研究中存在的问题与不足,为研究工作的开展提供基础。

第二，探究服务型领导、变革型领导与家长式领导等领导方式对员工建言行为的影响机制。当前关于不同领导类型影响建言行为的研究较多，但许多研究并未得到一致性结论，这一方面是因为员工建言行为是一个复杂现象，并不简单地受个体自身特质、领导风格的影响，还受到其他一些变量的影响；另一方面是有些领导概念的内涵与外延较为广泛，与员工自己具有的某些特点或价值观相一致或冲突，反而表现出有违现实举动的行为。因而有必要对不同领导风格进行研究，进一步确定哪一种类型的领导对员工建言行为的促进作用更明显。

第三，探讨服务型领导、心理所有权和权力距离等因素对建言行为的影响机制。员工通常会对建言的后果进行预估判断，并将其作为自己建言行为的依据。在领导的关心与帮助下，员工会获得工作进步的机会，提升自己的能力，对工作有一定的自主权，员工会对组织产生归属感，对组织肯定与认同，并将其纳入"自我"的一部分，进而使员工的心理所有权处于较高水平。此时，员工能够以促进组织发展为己任，能够大胆、放心地建言。但由于中国传统文化的影响，中国背景下的员工更偏重于遵从和营造和谐、稳定、权威等组织氛围，在这种高权力距离的环境下，即便员工胸有丘壑也难以直抒胸臆。因此，员工感受到的权力距离不同，建言行为也存在差异。一般来说，对组织的认同和责任都较强的员工，即员工的心理所有权处于同一水平时，在与领导的权力距离较近时，会认为自己有责任、有能力提出对组织有利的想法，会更积极地向组织建言；相反，感知到的权力距离越大时越容易保持沉默。根据实证研究调查来检验中国情境下的员工建言的影响因素及其内在机制，促进中国情境下领导行为与员工建言行为的发展。

具体来说，本书的内容共分为八章。

第一章，绪论。主要阐述研究的背景，在此基础上提出研究目的并阐明其研究意义，并结合相关变量的定义及理论，明确研究的内容与所采用的研究方法。

第二章，服务型领导。介绍了当前领导理论的发展情况，并从该角度引出目前的新兴领导概念——服务型领导，在文献回顾梳理的过程中，概括总结服务型领导的内涵、介绍服务型领导的测量方式并阐述服务型领导的作用及相应的前因变量和结果变量的作用机制。

第三章，建言行为。在文献阅读与分析的基础上，从建言行为的内涵概念入手，进一步说明建言行为的发展脉络及其对应的维度结构及其测量，同时对建言行为的影响因素进行详细回顾与梳理。

第四章，心理所有权。在文献回顾分析的基础上，重点介绍了心理所有权的相关概念及其形成根源与形成路径，介绍心理所有权的结构及其维度测量，并简要汇总其与态度、行为变量之间的关系研究。

第五章，权力距离。在文献回顾分析的基础上，重点介绍权力距离的演变与内涵，阐明权力距离作为一种广泛的价值观具有的结构与对应的测量方法，并概括汇总其与建言行为、领导行为及其他组织或领导变量之间的研究。

第六章，理论模型与研究设计。在第一章至第五章内容的基础上，结合当前发展趋势，梳理领导行为、建言行为、心理所有权及权力距离这些核心变量之间的关系并构建模型，进而提出假设，并据逻辑推理和理论假设，确定研究对象、研究工具并制定好研究实施步骤。

第七章，结果与讨论。一方面介绍了问卷调查实施过程的一些基本情况，包括调研的时间、地点、对象的选取及实施程序；另一方面重点介绍数据分析，包括人口统计学变量检验、基本统计量的描述统计分析及核心变量之间的中介、调节效应分析，依据数据结果进行假设验证，并结合相关理论进行解释说明。

第八章，主要结论与启示。旨在对全书研究的工作做一个全面总结，概括主要结论，指出研究的局限性与未来展望，并根据主要实证结果与结论，得出一些启示，提出相关的策略建议。

第二章

服务型领导

第一节 领导理论的发展

由于在企业或单位中,领导者居于独特的地位,发挥着独特的作用,他们往往成为影响企业或单位成败的重要因素,因此,如何培养具有领导能力的人才,如何提高领导工作的效率,势必成为一个非常重要的问题,被提到组织的议事日程上来,并成为管理心理学中一个重要的课题。

一　领导的概念

领导(leadership)一词,由来已久。关于什么是领导,历来有不同的解释。[1]

(1) 舒马洪等的定义:这是人际相互影响中的一个特例,在这种特例中,个人或群体会仿照领导者的指示去行动。

(2) 小唐纳利的定义:领导是一个个人向其他人施加影响的过程。

(3) 霍根等的定义:领导实际上是劝服其他人在一定时期内放

---

[1] 崔光成主编:《管理心理学》,人民卫生出版社2013年版,第495—527页。

弃个人目标，而去追求对群体责任和利益至关重要的组织目标。领导的这种定义在道德上是中立的。

（4）卢盛忠等和俞文钊的定义：领导是指引和影响个人或组织在一定条件下实现目标的过程。

以上定义中的一致性，突出表现在对影响过程的强调上。所谓影响，指的是由于期待别人的反应而产生的某人或某一群体行为上的变化。构成一个影响系统必须具备两个要素，即影响者和被影响者。从谱系的一端到达另一端，影响的作用方式相应改变。谱系中最常被提到的四种影响方式依次为：

（1）模仿：发生于靠近被影响者的一极，过程微妙，常以自发性为主要特征。目标是努力接近、赶上、达到或超过被模仿对象的行为。

（2）建议：意图明显、直接、有意识的影响。影响者向被影响者提出某种想法、推荐某种行动途径。

（3）劝说：通过督促、诱导激起所需要的行为。常用的劝说方法有忠告、说理等。

（4）强制：具有强迫性的限制作用，有时还伴随着肉体上的压力。强制手段有提升、降职、薪金控制、雇佣控制等。

概而言之，领导是一门艺术，是一门促使其下属充满信心、满怀热情地完成他们的任务的艺术；领导是一种过程，是组织赋予一个人职位和权力，以率领其部属实现组织目标的过程；领导是一种行为，是影响人们自动为实现组织目标而努力的一种行为；领导是一种权力，是一个人所具有并施加于别人的控制力，是行使权威和决定的权力。通常认为，所谓领导就是引导和影响个体、群体或组织来实现所期望目标的行为。领导行为对个人、群体或组织管理好坏具有决定性影响，它是组织所有人力、物力、财力、信息以及调动一切积极因素的关键，是实现组织目标和满足职工需要的带头行为。

二 领导理论

领导心理一直是管理心理学研究的一个重要领域，许多研究者从不同角度提出了各种理论，概括起来这些理论大致可以分为三类：领导特质理论、领导行为理论和领导权变理论。20世纪领导理论的发展大体上经历了四个阶段。

第一阶段为20世纪30—40年代。一些学者尝试研究具备什么样特质的人适合当领导者，或者当了领导者后需要怎样的素质才能成为一个出色的领导者。此类研究统称为领导特质理论（Trait Theory）。

第二阶段为20世纪40—50年代，研究者试图根据领导者所采取的行为解释领导，集中于研究领导者需采取什么样的领导行为、领导风格才能提高领导绩效，人们将此类研究称为领导行为理论（Behavior Theory）。

第三阶段的研究是指20世纪60—70年代的权变理论（Contingency or Situational Theory）阶段，研究重点主要集中于影响领导效能的各种情景因素，如工作性质、领导者与下属的关系以及下属特征等。

第四阶段是20世纪70年代末至今，研究重点为有关领导者动机和激励下属方面的理论，如交易型领导（Transactional Leadership）和改造型领导（Transformational Leadership）理论，不但强调领导要适应工作情境和下属特点，也强调领导对下属和领导情境的改造效果。

除了以上主流的四个阶段领导理论研究外，还有其他一些理论如认知型领导理论（Cognitive Leadership）、归因理论（Attributional Leadership）及含蓄型领导理论（Implicit Leadership）等，也都颇有影响。

借鉴这些理论，对于研究我国企业和组织中的领导行为，对领导行为进行考核、测评、诊断，以及提高领导行为的绩效有重要意义。

（一）领导特质理论

领导特质理论是研究有效领导者的个人特性和品质，寻求最合适的领导者特质。许多管理心理学家运用这种传统研究思路，对领导特质进行了长期的探索。

1. 传统领导特质理论

传统领导特质理论认为，领导者的特质基本上是与生俱来的。有关领导者特质的研究，最早可以追溯到古希腊时代，研究的焦点在卓越领导者的特性上，当时研究者认为天赋是一个人能否适合当领导者的根本因素，认为一流的管理者都是天生的，领导者的品质与生俱来，领导者是天生的伟人，表现出某些特性的人在领导任何一个群体时都会取得成功，生而不具有这种特性的人就不能担当领导者。

这种观点在19世纪很流行，研究者大多采用描述历史的方法来研究领导行为，许多心理学家及管理学家为了寻找那些生来就注定是领导者的人进行了广泛调查，试图找出天才的领导者所应具有的个性特征。有的研究者专门研究林肯、罗斯福等知名人物的特性，从而提出领导者必须具备某些天赋的伟人说理论，还有的人把长相、高矮、体重、体型等生理特性也作为领导者能否成功的因素。

为了发现那些具有领导者特质的人，许多心理学家对社会上特别成功的领导者进行了深入分析，试图找出天才的领导者所具有的个体特性。不过并未找到稳定可靠的特质适用于所有人。学者们基本上否定了伟人论的观点，但比较一致地认为，优秀的领导者必须具备一定的素质,且在领导特质的研究中,完全忽视其他情境因素是难以对有效领导者做出合理解释的,需要从领导动态过程来理解领导特质。

2. 现代领导特质理论

心理学家研究认为领导者性格特征的形成是一种动态的过程。领导者的特性和品质是在实践中形成的,可通过训练和培养来造就。因而,应该以发展的眼光分析领导特质。成功领导者的许多特征是在领导实践中学得、形成和发展的,有效的领导特质可以通过培训和锻炼而加以造就。有关领导者及其下属关系的大量研究表明,领导者在岗位上所花的时间与精力,在很大程度上决定了下属对其领导效能的评价。例如,美国著名微软公司的创始人比尔·盖茨(Bill Gates)就以每周工作 80—90 小时而著称。根据现代领导特质理论,为了获得有效的领导者,需要建立明确的选拔标准,制订具体的培训方案,采用严格的考核指标。

美国管理大师德鲁克在《有效的管理者》一书中指出,一个有效的领导者,必须具备五项习惯:善于利用时间;确定自己的努力方向;善于发现和用人所长;分清主次,集中精力;有效决策。[①]

有研究发现我国企业领导者的主要特质包括:组织能力和决策能力、责任心和进取心、求知欲和创造精神、合作精神、专业知识和知识广度、观察力和思考力、品德端正、分析解决问题的能力、处理人际关系的能力、协调平衡能力。

(二)领导行为理论

1. 密执安大学的领导行为研究

密执安大学社会调查研究中心在大量实证研究的基础上,概括

---

① [美]彼得·德鲁克:《有效的管理者》,吴军译,广东新世纪出版社 1985 年版,第 177—186 页。

出以下研究结果。

（1）基本趋势。采用高效率的组织中有 6/7 的主管以人为中心，采用一般性监控占 9/10，采用处罚方式占 60%；1/7 的主管以工作为中心，采用严格监控占 1/10，采用处罚方式占 40%。而低效率的组织中有 6/7 的主管以工作为中心，采用严格监控占 9/10 或 2/3，采用处罚方式占 43%；以人为中心占 1/7，采用一般监控占 1/10 或 1/3，采用处罚方式占 57%。

（2）不同导向与组织气氛的关系。若生产导向得分高，关系导向得分低，则会带来更多的旷工、事故、抱怨和调离情况。

（3）不同导向与生产效率的关系。比较生产部门与非生产部门的工人发现：在非生产部门，关系导向要优于生产导向；而在生产部门，则生产导向优于关系导向。

根据上述结果，密执安大学社会调查研究中心将领导行为划分为员工导向行为（employee orientation）和职务导向行为（job orientation）两个维度，其中员工导向侧重于满足群体成员的社会与情绪需求，而职务导向行为则侧重于对员工工作方法与任务达成的仔细监督等。

2. 俄亥俄州立大学的双维领导理论

1945 年俄亥俄州州立大学的研究者们，在列举 1000 多种领导行为因子的基础上，最后归纳概括出两大维度的因素：关心人的领导与关心组织的领导。研究者认为关心人与关心组织不一定相悖、彼消此长，故采取双层面交叉划分领导类型，提出了著名的双维领导理论模型。这两个维度之间是相互独立的，领导者行为因此可划分为四种类型（见图 2—1），即高体贴—高组织型、高体贴—低组织型、低体贴—高组织型、低体贴—低组织型。

研究者调查发现，关心组织的领导很重视组织设计，能明确职责和关系，确定组织、团体与个人的工作目标；关心人的领导重点

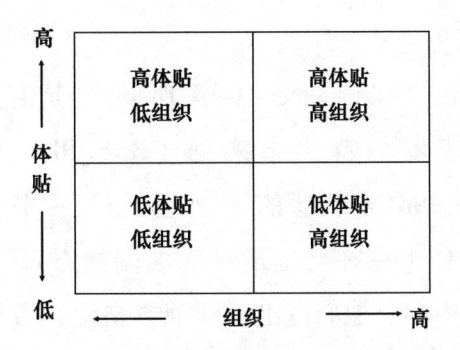

图 2—1　俄亥俄州立大学的双维领导理论模型

强调建立相互信任的气氛，尊重下级的意见与员工的感情。领导表现出的这两类领导行为可能存在程度上的差异。高体贴—高组织型效果最好，这是对人、对组织都比较关心的类型；低体贴—低组织型对人、对组织的关心都低，领导效果较差；低体贴—高组织型是关心组织的任务型领导；高体贴—低组织型是关心人的人际关系型领导。以上四种类型中，哪一种效果好，还不能一概而论。

我国学者也在二维四分图模型基础上，增加了以身作则（即模范带头、廉洁奉公、遵纪守法）因素，形成了三维八种领导理论模型（见图2—2）。

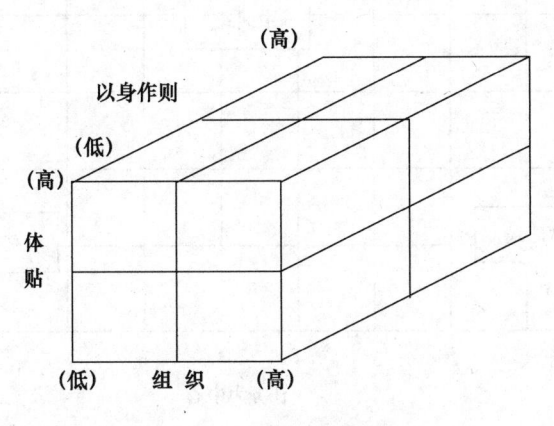

图 2—2　三维领导理论模型

3. 管理方格理论

管理方格理论（Management Grid Theory）是由美国得克萨斯大学的行为科学家罗伯特·布莱克（R. R. Blake）和简·莫顿（J. S. Mouton）在 1964 年出版的《管理方格》一书中提出的。在企业管理的领导工作中往往会出现一些极端的方式，或以生产为中心，或以员工为中心。他们提出了管理方格法，方格图（见图2—3）中的纵轴和横轴各 9 等份，分别表示企业领导者对员工和对生产的关心程度。第 1 格表示关心程度最小，第 9 格表示关心程度最大。

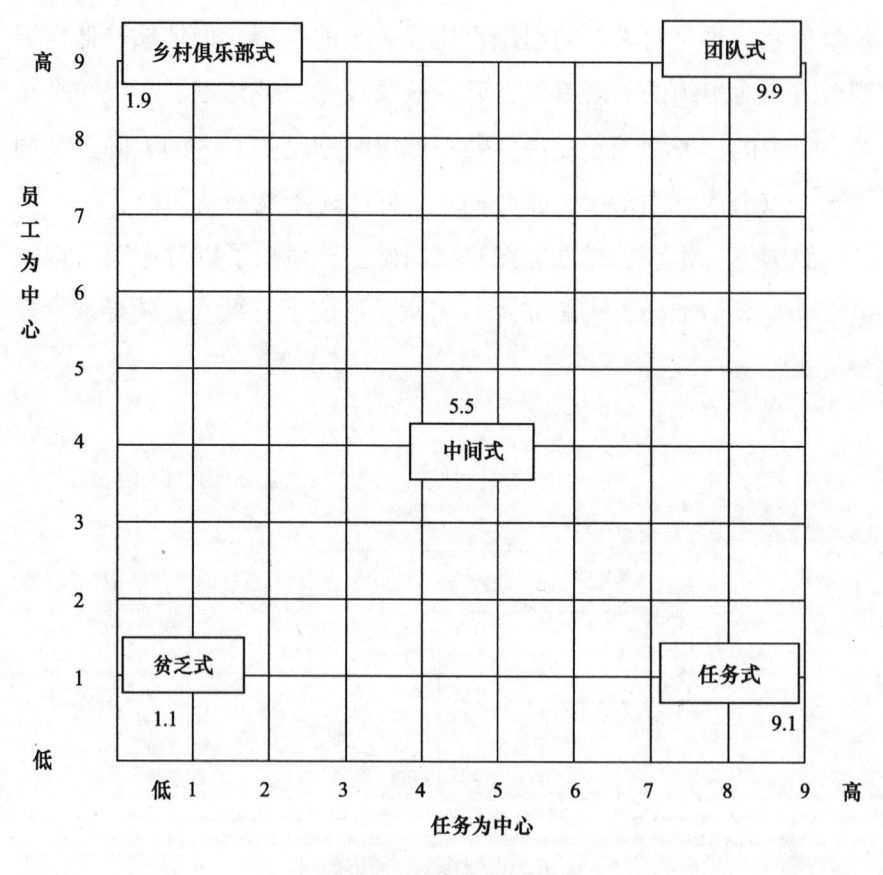

图2—3 管理方格图

全图总共 81 个小方格，分别表示"以员工为中心"和"以任务为中心"这两个基本因素以不同比例结合的 81 种领导方式。其中典型的五种领导风格及其主要特征为："1.1"型是贫乏式领导，"1.9"型是乡村俱乐部式领导，"9.1"型是任务式领导，"9.9"型是团队合作式领导，"5.5"型是中间式领导。

布莱克和莫顿认为"9.9"型是最有效的领导，但要达到是有困难的，但管理者的管理是要将领导行为推向"9.9"型。

（三）领导权变理论

随着领导行为研究的不断深入，管理心理学家日益关心领导行为风格和被领导者特征、管理情景等的关系，研究并提出了若干领导行为的权变理论。所谓领导权变理论，就是研究被领导者的特征、领导者与被领导者的关系，以及环境因素如何影响领导行为的有效性的理论。

1. 领导行为的连续体理论[1]

坦南鲍姆（R. Tannenbaum）和沃伦·施密特（Warren H. Schmidt）于 1958 年提出了领导行为连续体理论和连续体理论模型（见图 2—4）。

领导行为有七种模式：（1）一切由领导者向下公布；（2）领导者说服下属推行决策；（3）领导者提出设想并征求下属的意见；（4）领导者提出可修改的计划；（5）领导者向下属征询意见再做决定；（6）领导者界定问题范围集体决策；（7）下属在规定的范围内自由发挥。

2. 权变理论

1967 年，美国管理学家费德勒（Fred Fiedler）系统地阐述了

---

[1] 郭爱民：《管理学》，河南科学技术出版社 2010 年版，第 260—261 页。

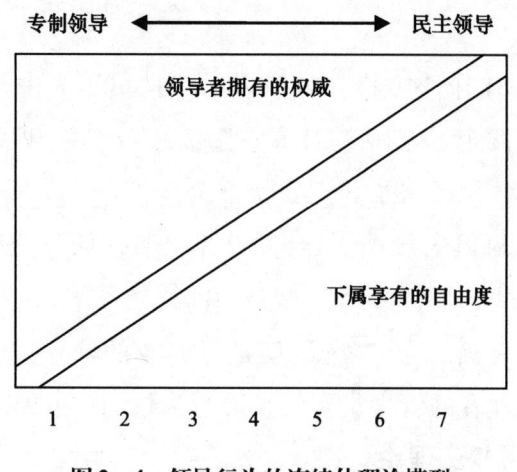

图2—4 领导行为的连续体理论模型

权变理论。[1] 这一理论认为，群体绩效的高低取决于领导风格和领导方法对组织与环境的适合度，并提出了三种影响领导行为效果的情境因素，按重要程度排列如下：（1）领导者与被领导者之间的关系；（2）任务结构是否明确；（3）领导者的职位权力强弱。

另外，费德勒用"你最难共事的同事"（即 LPC 问卷，见表2—1）来调查领导者本人的反应，从而测量领导者的人格特征与风格。若某领导者对其最难共事的同事仍给以好评，则其得高分（即 73 分以上），是关心人的支持型领导；相反，那些对其最难共事的同事给以低评价的领导者，LPC 得低分（即 64 分以下），是任务型、指令型领导，若得分在 64 分与 73 分之间，则为中间型领导。

费德勒调查了 1200 个团体的领导者，收集了将领导风格同对领导的有利条件或不利条件的三维情境因素联系起来的数据，根据结果绘成图（见图2—5），该图表明在编号1、2、3和8的条件下，有效的工作成就和领导者的指令式任务型作风相关；在编号4、5

---

[1] 车丽萍、秦启文：《管理心理学》，武汉大学出版社 2009 年版，第 214—222 页。

条件下的工作成效,同关心人的领导作风相关。这些研究结果表明,某一领导风格不能简单地区分优劣,因为在不同条件下都可能取得好的领导绩效。换言之,在不同情境下,应采取不同的领导方式(见表2—2)。

表2—1　　　　　　　费德勒的 LPC 问卷内容

	符合等级	
快乐	8 7 6 5 4 3 2 1	不快乐
友善	8 7 6 5 4 3 2 1	不友善
拒绝	1 2 3 4 5 6 7 8	接纳
有益	8 7 6 5 4 3 2 1	无益
不热情	1 2 3 4 5 6 7 8	热情
紧张	1 2 3 4 5 6 7 8	轻松
疏远	1 2 3 4 5 6 7 8	亲密
冷漠	1 2 3 4 5 6 7 8	热心
合作	8 7 6 5 4 3 2 1	不合作
助人	8 7 6 5 4 3 2 1	敌意
无聊	1 2 3 4 5 6 7 8	有趣
好争	1 2 3 4 5 6 7 8	融洽
自信	1 2 3 4 5 6 7 8	犹豫
高效	8 7 6 5 4 3 2 1	低效
郁闷	1 2 3 4 5 6 7 8	开朗
开放	8 7 6 5 4 3 2 1	防备

费德勒权变理论的一个关键原则是领导风格必须适合领导情境,可通过改变领导者与环境的匹配来提高领导者的效率。

表 2—2　　　　　　　　　　领导类型与情景变量的关系

领导类型	情景控制		
	高控制	中控制	低控制
高 LPC	行为：自我中心、只关心工作 领导绩效：很差	行为：关怀、开放、参与 领导绩效：良好	行为：焦虑、过分关注人际关系 领导绩效：很差
低 LPC	行为：关怀、乐于支持 领导绩效：良好	行为：紧张、过分重视工作 领导绩效：很差	行为：专制、严肃、过分重视工作 领导绩效：较好

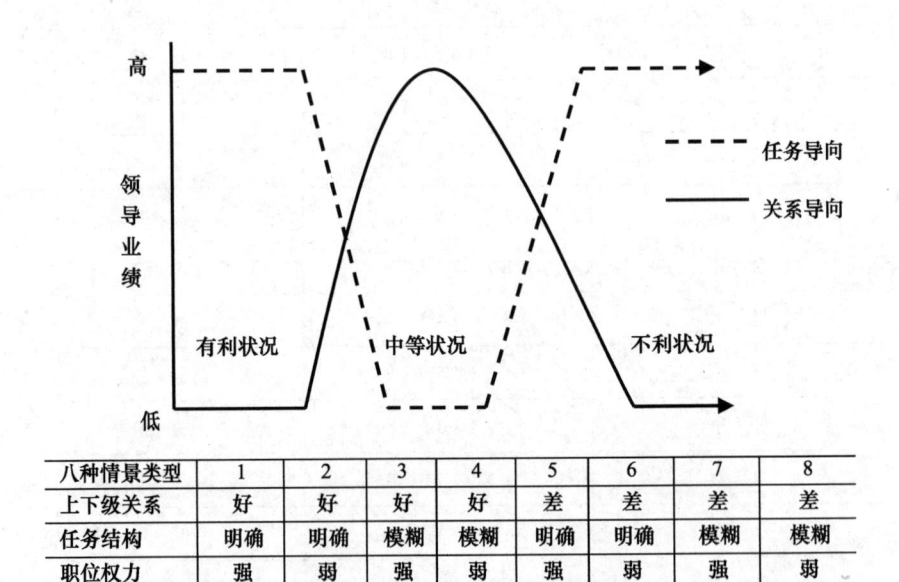

八种情景类型	1	2	3	4	5	6	7	8
上下级关系	好	好	好	好	差	差	差	差
任务结构	明确	明确	模糊	模糊	明确	明确	模糊	模糊
职位权力	强	弱	强	弱	强	弱	强	弱

图 2—5　领导者面临的八类情景状况和业绩的关系

　　费德勒权变理论的积极意义在于把复杂的环境因素集中概括为领导者与被领导者的关系、任务结构和职位权力三项，为领导者指明了改变环境条件的方向；具体分析了这三个因素交织组合的多种情况；为上级组织选用企事业领导人提供了参考。

3. 通路—目标理论

通路—目标理论（Path-Goal Theory）又称目标导向模式，是将期望理论和领导行为四分图结合起来而进行的创新（见图2—6）。其基本出发点是领导者要阐明对下属工作任务的要求，帮助下属排除现实目标的障碍，使之顺利达到组织或团体目标，在实现目标的过程中给予下属多种需要满足和成长发展的机会。领导者的效率取决于激励下属达成组织目标并在工作中得到满足的能力。

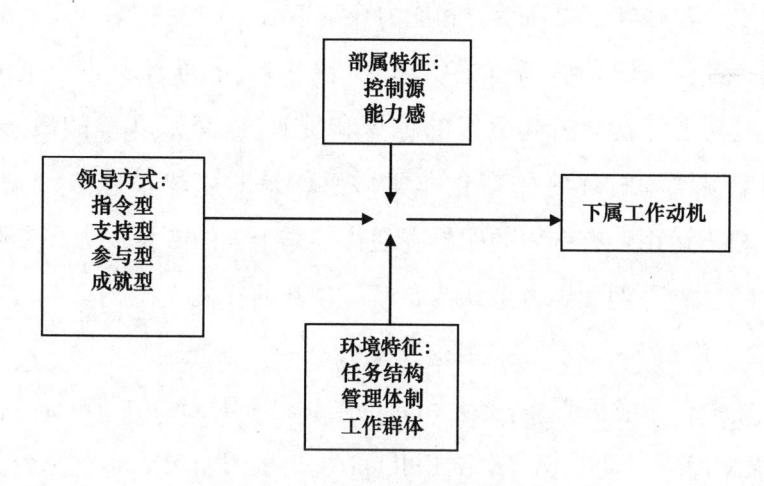

图2—6 通路—目标理论模型

豪斯通过实验和研究发现，双维领导理论中的高工作与高关系的组合并不一定是最有效的领导方式，还应该关注情境因素。[①] 四种领导方式可供领导者在不同环境下进行选择，分别是指令型、支持型、参与型、成就型。

---

① R. J. House, "A Path-Goal Theory of Leader Effectiveness", *Administrative Science Quarterly*, Vol. 16, 1971, pp. 321–339.

(四) 当代领导理论的新发展

1. 领导魅力理论

魅力型领导理论（Charismatic Leadership Theory）最早是由社会学家马克斯·韦伯提出的。现代魅力型领导理论的发展归功于罗伯特·豪斯的研究，此后，有许多学者对这一概念发生了兴趣，陆续开始了对魅力型领导特点的探讨。魅力型领导通常具有以下特征：(1) 对现状的态度：反对现状并努力改变现状。(2) 目标设置：魅力型领导者往往设置距离很远的理想愿景。(3) 自信心：魅力型领导者对自己的判断力和能力充满信心。(4) 行为表现：魅力型领导者会采取一些新奇的、违背传统的、不符合现有规范的行为，成功之时就会引起下级的惊讶和赞叹。(5) 环境的敏感性：魅力型领导者对环境的变化非常敏感，果断采取措施改变现状。(6) 权力运用：有魅力的领导者往往依靠个人的专长权力和参照权力。(7) 魅力型领导者被认为是改革创新的代表人物。

2. 领导者—成员交换理论模型

领导者—成员交换模型（Leader-Member Exchange Theory），简称 LMX 理论，是由 Graen 和 Uhlbien 提出的。[1] LMX 理论作为一种研究领导行为与过程和结果的理论，经过多年的发展，已成为领导理论方面的新趋势。LMX 理论与其他领导行为理论的不同之处在于强调领导者与其下属之间动态关系的重要性，以及这种动态关系对于工作绩效和态度的影响等。LMX 理论认为，领导者和下属之间是相互影响的，如果下属被给予更大的职责、自主性和信任，即高 LMX，作为回报，下属将体现出对团队目标的更大认同，对团队

---

[1] G. B. Graen, M. Uhlbien, "Relationship-based Approach to Leadership: Development of Leader-member Exchange (LMX) Theory of Leadership Over 25 Years: Applying A Multi-level Multi-domain Perspective", *Leadership Quarterly*, Vol. 6, 1995, pp. 219 – 247.

领导更加忠诚以及有更强的组织承诺感；如果领导者未能和下属之间建立成熟的关系（LMX），领导者对其下属的影响则仅来源于其正式权威的影响。

有些下属会成为"圈内人"，发挥领导者的助理、副手或者顾问的作用，其他的下属就成为"圈外人"。这两种领导者—成员交换是不同的，圈内人交换的特点是信任、相互影响和支持水平高，而圈外人之间的信任和支持水平低。LMX理论建议，领导者应该与少量值得信任的下属建立特殊的关系，称为"圈内群体"。领导者往往给予"圈内群体"特别的职责和自由度。圈内群体之外的下属称为"圈外群体"，较少接受责任。

3. 变革型领导理论

变革型领导（Transformational Leadership）是一种领导者帮助下属用新观念和发展的眼光来看问题，从而改变他们对问题的看法，激励下属为达到群体目标而付出更大努力的一种领导方式。领导除了引导下属完成各项工作外，常以领导者的个人魅力通过对下属的激励和关怀来改变下属的工作态度、信念和价值观，使他们为了组织的目标而超越自身利益，从而更加积极地投入到工作中。

第二节 服务型领导的内涵

伴随网络化社会信息化时代的到来，企业及其领导已意识到知识和信息的快速传播带来的机遇，传统的自上而下的领导方式已越来越不能适应市场的快速变化，必须采取新的领导方式，调动员工的积极性，发挥员工的潜力，实现员工价值与企业价值的双赢。因此，这也为自下而上的服务型领导方式的出现提供了坚实的基础。从某种意义上说，领导理论的发展不再仅仅是从管理角度要求员工最佳程度地发挥自己，强调员工的心理活动及能力，而是初步转向注重和运用员工的心理规律的管理方式。

一 服务型领导的概念

服务型领导的提出,最早可以追溯到20世纪70年代。美国学者格林里夫(Greenleaf)在《扮演公仆角色的领导者》中第一次提到了"服务型领导"并将其定义为:服务型领导是将他人的愿望、需要和利益置于个人利益至上的领导者。[1] 尽管由于当时的经济发展和文化导向导致服务型领导并未马上成为当前的研究热点,但这种"服务"的理念已经开始扎根发芽,新的领导方式理论渐有雏形。

服务型领导的核心就是领导服务于员工,服务型的领导者不会把自己当作权力的象征,而是把自己的工作职责定位于为他人提供服务和机会,强调服务他人,而不是领导和控制。服务型的领导者不仅仅满足员工的需要,还包括顾客和其他利益相关者,服务型的领导者都会去为他们提供帮助。具体来说,服务型领导具有以下几种表现形式:(1)服务他人。领导者会把员工、顾客和其他利益相关者作为自己的服务对象,为他人服务、利他主义都是服务他人的具体表现形式,即使自己无法获得物质利益,也会坚持服务员工、帮助员工。(2)鼓励员工参与。尽力帮助员工成长与发展,提高员工的参与度,鼓励员工参与决策,提高员工的自信心,善于倾听和鼓励。(3)信任员工。相信员工的能力,为他们的工作提供发展空间和机会。

格林里夫提出"服务型领导"这一概念时虽并没有清晰地界定服务型领导的概念,但指出服务型领导大体涵盖服务员工、鼓励员

---

[1] 转引自王碧英、高日光《中国组织情境下公仆型领导有效性的追踪研究》,《心理科学进展》2014年第22期。

工参与、信任员工，并强调服务型领导的首要与核心动机是服务。

随着研究的推进，服务型领导的概念越来越清晰。服务型的领导者有两种表现：（1）信任员工，服务型领导者会信任自己的员工的能力和责任；（2）尊重员工，服务型领导者会认可员工的价值观。服务型领导作为信任和尊重员工的领导方式可以激发员工的积极性和参与度，员工在这种领导方式下会自愿加入到组织当中来。服务型领导最主要的特点就是服务。服务型领导者在组织中扮演对人、财、物等资源进行管理和服务的管家，通过尊重员工、真诚地接受员工、满足员工的需要、善于与员工沟通、鼓励员工等实现，而服务型领导者也有学习精神，领导者不认为其利益和员工的利益是背道而驰的，反而会有共同的理念。

Spears 通过对服务型领导的研究，认为服务型的领导者就是心甘情愿为员工和组织提供帮助和服务，并期望员工在自己的帮助下可以实现其自身价值。[1] 服务型领导是一种将员工的利益放在最高位置的领导行为，服务型领导者为了让员工更好地展现自己，会重视员工，给员工更大的认可，为员工提供轻松广阔的发展空间，这种领导者不会认为自己的权威不能被撼动。相反，他会为想要成为领导者的员工提供机会，为员工和组织服务，权利和地位与员工共享。

服务型领导寻求的不是自己被服务而是服务他人，服务型领导者把自己所拥有的职位看作能够为员工提供帮助、支持的机会。服务型领导者有以下特征：与员工有共同的愿景、认可和欣赏员工、向员工授权、能够起到模范带头作用、有进取心等。专注于关心和培育员工、发展团队精神的领导行为，以关注员工为核心，优先为员工服务，将员工作为组织里最重要的资源，为员工服务、支持员

---

[1] L. Spears, "Reflections on Robert K. Greenleaf and Servant–leadership", *Leadership & Organization Development Journal*, Vol. 17, 1996, pp. 33–35.

工、与员工经常沟通、授权等。领导者在组织中会构建共同体，注重共同的利益，包括情绪抚慰、劝说引导、利他导向、智慧启迪和组织管家等内容。总的来说，服务型领导者会将他人的需要优先于自己的需要，基于他人的需要表现出很自然的服务性行为，为他人和组织的发展提供各种支持。

服务型领导的目的就是更有效地完成工作和实现共同的利益。表现在以下几个方面：接受员工、关注员工、服务员工、尊重员工、信任员工，将员工的利益放在首要的位置，关心员工的情绪，为员工的发展提供支持等。

二 服务型领导与其他领导理论的比较

服务型领导在变革型领导基础上加入了道德维度。变革型领导缺乏道德保障，它虽能提高追随者动机，但却可能凌驾于追随者的道德顾虑之上。服务型领导则既是鼓舞人心，又是道德的，该类领导鼓励追随者在增加智慧与提高技能的同时增强道德推理能力，这就形成了检验领导者愿景、组织目标道德与否的机制。表2—3具体比较了服务型领导与变革型领导的区别。

表2—3　　　　　　服务型领导与变革型领导的比较

	服务型领导	变革型领导
领袖魅力来源	谦逊、精神力量	领导训练与技能
情境	关联（共同）权力	单边（层级）权力
领袖魅力的本质	围绕生活的服务愿景与行为	组织愿景、娴熟的人力资源管理
追随者的反应	学习领导者的服务意识	组织愿景、额外的努力
领袖魅力的结果	追随者道德开发与自治、共同利益提高	领导或组织目标实现、追随者个人发展

资料来源：J. W. Graham, "Servant-leadership in Organizations: Inspirational and Moral", *The Leadership Quarterly*, Vol. 2, 1991, pp. 105–119。

服务型领导与领导成员交换理论的相同点在于都强调领导者优先开发追随者及其与追随者的关系。不同点为：一是除下属之外，服务型领导者同时也重视对组织其他利益相关者的责任；二是服务型领导的一个关键要素是领导者的道德行为，这一点在领导成员交换理论中最多是间接涉及的行为；三是服务型领导强调领导者对群体成员的一致性行为，而领导成员交换理论则突出领导与少部分下属的特殊关系，强调两者之间的二元关系（dyadic relationship），即领导者会与对应的追随者形成不同类型的交换关系。表2—4在领导者（追随者）角色、道德意向、期望的结果和分析水平4个方面对服务型领导和领导成员交换进行了比较。

表2—4　　　　　　　　服务型领导与领导成员交换的比较

	服务型领导	领导成员交换
领导者角色	服务追随者	和追随者发展积极关系
追随者角色	开发智慧、提高自由和自主性	和领导者发展积极关系
道德元素	清晰	未说明
期望的结果	追随者满意、成长并对服务、改善社会做出承诺	高交换满意、相互信任并加倍努力
个体水平	渴望服务	渴望关联
人际水平	领导者服务追随者	领导者与追随者交换
群体水平	领导者服务群体以满足成员需要	领导者与群体成员发展不同的交换
组织水平	领导者使组织为社会服务	未说明
社会水平	领导者为改善社会做出贡献	未说明

资料来源：J. E. Barbuto, D. W. Wheeler, "Scale Development and Construct Clarification of Servant Leadership", *Group&Organization Management*, Vol. 31, 2006, pp. 300–326。

服务型领导与变革型领导、领导成员交换之间，除了以上内涵上的不同，实证研究也证明了服务型领导的独特性。例如，Liden

等在控制变革型领导及领导—成员交换后,验证了服务型领导对下属组织承诺、社区公民行为和角色内绩效的积极作用,同时也表明服务型领导对一些重要结果变量(如下属感知的上级支持、对领导者的信任和满意、组织承诺、角色内绩效等)的预测力更强。研究者认为虽然服务型领导与后两类领导风格之间存在一定的相关性,但相关程度没有高到可以得出服务型领导理论是多余的结论。[①]

服务型领导与诚信领导(authentic leadership)的相同点在于两者都明确承认积极道德观、自我意识(self-awareness)、自我调节(self-regulation)、正面榜样和重视追随者开发。两者的不同之处在于服务型领导强调精神导向,并认为精神性(spirituality)是服务型领导者动机的重要来源。[②] 两者的相同点在于具有诚信、谦虚这两个特征,但诚信领导并不具备服务型领导的其他多个特征。

服务型领导与家长式领导的不同之处在于,服务型领导以平等的方式对待追随者,强调对所有下属的关怀,对每位下属一视同仁;在中国这样一个差序格局、关系取向的社会中,领导者对自己人较少采用权威领导而较多采用仁慈领导、德行领导,对外人则相反。

第三节 服务型领导的测量

一 服务型领导的构成维度及模型

Greenleaf 指出,服务型领导由 12 个维度构成,这些维度包括:主动性、倾听和理解、想象力、妥协能力、接纳和移情、直觉、预

[①] R. C. Liden, S. J. Wayne, H. Zhao, et al., "Servant Leadership: Development of a Multidimensional Measure and Multi-level Assessment", *Leadership Quarterly*, Vol. 19, 2008, pp. 161 – 177.

[②] S. Sendjaya, J. C. Sarros, J. C. Santora, "Defining and Measuring Servant Leadership Behaviour in Organizations", *Journal of Management Studies*, Vol. 45, 2010, pp. 402 – 424.

见未来、自我意识、说服他人、概念化能力、愈合和服务以及建立社区。①

Spears 在 Greenleaf 研究结果的基础上，归纳出服务型领导的 10 大关键特征。服务型领导的 10 个特征主要为：倾听、同理心、愈合、提高认知、成长承诺、远见、构想、说服、管家精神和建立社区。

从领导者角度出发，可将服务型领导分为如下维度：坦诚对话，理解对方立场，致力于共同愿景，努力满足他人需求，成长，形成团队与奖励合作等。除考虑领导者的角度外，还应充分了解员工的观点。因此，考虑领导力与员工的发展时，可将服务型领导分为 6 个主要特质：重视员工、培养员工、建立社区、展示诚意、展示领导力和分享领导力。

Page 和 Wong 提出了服务型领导模式，最初收集了有关服务型领导的 200 个题项。他们通过对 1157 人的样本进行研究，在验证分析之后形成 99 个项目。该量表共 12 大类，每一类都由 11 个题项组成，对这 12 类进一步分类，最后形成了服务型领导的四种取向：个性取向、关系取向、任务取向和过程取向。② 后续学者对此进行优化，简化为 20 个项目，③ 并分为 3 个因子：授权、服务、愿景。跨文化研究得出的 3 个核心维度与之较为一致。

Russell 和 Stone 将服务型领导的构成维度分为功能性属性和伴随性属性两方面。功能性属性是通过在工作场所进行观测所得到的，属于服务型领导独有的特征，各功能性因素彼此互相关联、相

---

① 杨廷钫、凌文铨：《服务型领导理论综述》，《科技管理研究》2008 年第 3 期。
② D. Page, T. P. Wong, *A Conceptual Framework for Measuring Servant Leadership*, America: America University, 2000, pp. 1 – 28.
③ R. Dennis, B. E. Winston, "A Factor Analysis of Page and Wong's Servant Leadership Instrument", *Leadership & Organization Development Journal*, Vol. 24, 2003, pp. 455 – 459.

互影响；伴随性属性是对功能性属性的补充和说明，也是进行有效的服务型领导方式的先决条件和重要组成部分。功能性属性包括：愿景、诚实、正直、信任、服务、榜样、先锋、欣赏他人和授权。伴随性特征包括：沟通、可信度、管家精神、预见力、影响力、说服力、倾听、鼓励、教育、指导和委托。在功能性属性和服务性属性基础上，又提出了服务型领导模型（见图2—7）。[1]

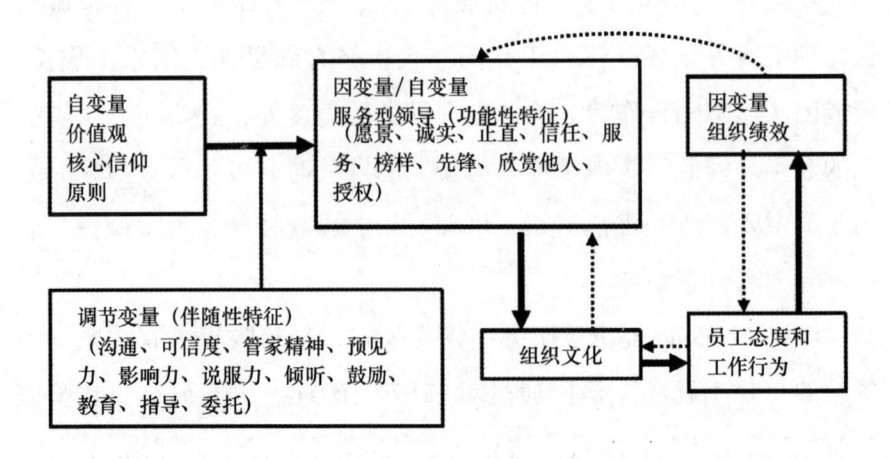

图2—7　Russell & Stone 服务型领导模型图

Paul 和 Page 认为服务型领导包括两个方面：服务性和领导力。服务性是指领导者发展那些帮助建立组织的员工，这里的关注点是领导者的性格和服务的欲望；而在领导力方面，领导者通过有效地使用人力资源来建立组织，这里强调的是领导者的技能，如建立愿景和建设团队等。他们在修订的服务型领导轮廓中定义了7个因素：授权和发展他人、权力与骄傲（反之即弱点和谦逊）、服务他人、开放性的参与式领导、激励领导力、愿景领导力及无畏领导力

---

[1] R. F. Russell, A. G. Stone, "A Review of Servant Leadership Attributes: Developing a Practical Model", *Leadership & Organization Development Journal*, Vol. 23, 2002, pp. 145–157.

(正直和真实)。①

Patterson 归纳出了服务型领导的 7 种特征，分别是：挚爱（agapao love）、谦卑（acts with humility）、利他主义（altruism）、愿景（vision）、信任（trust）、授权（empowerment）和服务（service），并在 2003 年提出"领导者—追随者"模型，这个模型主要体现在两个方面：一方面，领导者对追随者的关心会产生谦卑和利他主义行为，而这种行为会引导领导者对公司的规划有一个正确的认知，并能将员工的个人目标和组织目标相结合；另一方面，领导者同时也会对追随者产生信任感，在共同的愿景和信任的基础上，领导者会与其追随者分享领导权力，并为追随者的个人需求提供服务。Winston 提出"追随者—领导者"模型，这个模型主要体现在追随者对领导者的作用，领导者对追随者的关爱和服务使追随者对领导者的爱、承诺和自我效能提高。② 自我效能的提高和对领导者的承诺激发了追随者较高的内在动机，产生对于领导者的利他主义行为，然后为领导者服务，实现组织目标。Winston 的模型是对 Patterson 的模型的扩展和补充，最终形成服务型领导模型的完整循环形式。

Dennis 等以 Patterson 的服务型领导理论为基础，在对以前学者的研究进行总结后选取了 313 个样本进行测量，最后产生了 5 个维度，分别是授权、挚爱、谦逊、信任和愿景。③

Barbuto、Wheeler 把 Spears 的 10 种特性与鼓励性相结合，通过探索性因素分析和验证性因素分析得到了服务型领导的 5 个因素：利他性、情感愈合、智慧、说服引导及组织管理精神。通过

---

① 李宪:《服务型领导研究综述与展望》,《行政事业资产与财务》2016 年第 4 期。
② B. E. Winston, "Leadership: Four Styles", *Education*, Vol. 126, 2003, pp. 384–391.
③ R. S. Dennis, M. Bocarnea, "Development of the Servant Leadership Assessment Instrmnent", *Leadership & Organization Development Journal*, Vol. 26, 2005, pp. 600–615.

38　服务型领导与员工建言行为

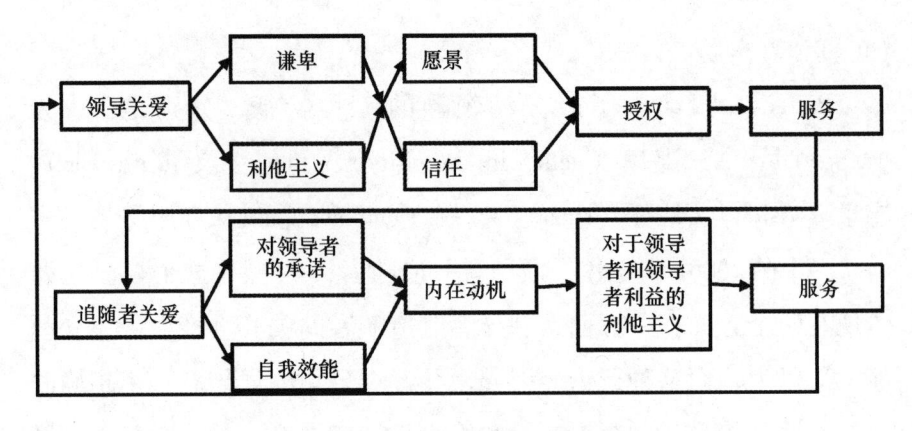

图 2—8　Winston "追随者—领导者" 模型

对 80 位领导人和 388 位评价者的数据分析得到一个综合的结构，以测量服务型领导的 11 个变量：打电话、倾听、换位思考、情感愈合、提高认识、说服、概念化、远见、组织管理、成长和社区建设。[1]

汪纯孝等通过实证研究发现，服务型领导者会向员工表现出人性化的关怀，为员工的工作提供指导，为员工的自我发展提供帮助，尊重员工，向员工授权，并且服务型领导者还表现出随和的人格特质，甘心奉献，奉公廉洁，有进取心，有社会责任感，同时还会建立愿景，因此提出了一个 11 个维度：尊重员工、关心员工、帮助员工发展、指导员工工作、构思愿景、平易近人、愿意奉献、清正廉洁、开拓进取、承担社会责任和授权。[2] 基于本土化的研究发现服务型领导包括情绪抚慰、劝说引导、利他使命感、预见性智慧以及社会责任感 5 个维度。[3] 情绪抚慰是在员工情绪遇到问题需

---

[1] J. E. Barbuto, D. W. Wheeler, "Scale Development and Construct Clarification of Servant Leadership", *Group & Organization Management*, Vol. 31, 2006, pp. 300–326.

[2] 汪纯孝、凌茜、张秀娟：《我国企业公仆型领导量表的设计与检验》，《南开管理评论》2009 年第 3 期。

[3] 孙健敏、王碧英：《公仆型领导：概念的界定与量表的修订》，《商业经济与管理》2010 年第 5 期。

要调节时，领导者会帮助员工调节他们的情绪，并帮助他们从不良的情绪中恢复过来；劝说引导是指领导者在员工工作中向其提供指导和帮助；利他使命感就是领导者始终把他人的利益放在首要的位置；预见性智慧是指领导者具有预见性的能力，善于分析决策问题；社会责任感就是领导者感到自己或企业对员工和他人存在一种责任。

综合服务型领导维度的划分可以看出，服务型领导首先要有共同的愿景和目标，并将愿景通过有效的途径传达给下属员工；其次，要有乐于服务的意愿，倾听和理解员工，满足员工的生理、心理和精神需求，员工的需求高于个人利益；再次，作为对传统领导的命令式和权力控制的改变，服务型领导更愿意授权。

在借鉴前人研究成果的基础上，考虑中国文化背景下的企业领导，本研究将服务型领导概括为5个维度，分别是情绪抚慰、劝说引导、利他的使命感、预见性智慧、社会责任感。

二 服务型领导的测量

Laub 提出了服务型领导的6个维度，并开发了包含66个条目的量表，该量表是国外测量服务型领导时应用最为广泛的量表。Page 与 Wong 开发了一个测量服务型领导的量表，该量表最初为200个测量项目，后来精简为99个测量条目。随后，Dennis 等学者对此量表重新进行了因子分析，得到12个因子并从中归纳出3个维度：愿景、服务和授权。在此基础上，Dennis 等将其最终精简为14个测量条目（见表2—5），[①] 该量表具有较高的信效度，并在相关领域中得到了广泛应用。Ehrhart 基于服务型领导的7个维度，编

---

① R. Dennis, B. E. Winston, "A Factor Analysis of Page and Wong's Servant Leadership Instrument", *Leadership & Organization Development Journal*, Vol. 24, 2003, pp. 455–459.

制了包含有14个计量条目的量表,通过验证性因子分析和回归分析表明,该量表具有较好的信效度。

表2—5　　　　　　　Dennis 等编制的服务型领导量表

维度	题项
愿景	1. 我的上司有理想与目标,并能清晰地给我们指明方向
	2. 我的上司经常询问我对公司未来发展方向的看法
	3. 我的上司让我们知道领导和组织对我们的期望
	4. 我的上司培养我们展望未来和设定目标的能力
服务	5. 我的上司为我们提供学习与成长的机会
	6. 我的上司会满足我们各方面的需要,提供支持和资源
	7. 我的上司优先考虑部门员工的个人发展
	8. 我的上司使我感到我和他一起工作而不是为他工作
	9. 我的上司为我们提供指导和帮助,开发我们的潜力
授权	10. 我的上司做决策时多倾听他人意见而不独裁
	11. 随着不断增加的责任,我的上司让我自己做决策
	12. 我的上司在某些方面放权,这样我就可以承担更多的责任
	13. 我的上司授予我有机会做一些事情
	14. 我的上司给予我做好工作所需的权力

国内学者开发了本土化的服务型领导量表:

汪纯孝、凌茜、张秀娟综合运用文献研究、专题座谈会、个别深入访谈、关键事件分析及问卷调查等多种方式开发了本土化的服务型领导测量工具,形成了由11个维度,44个测量条目组成的服务型领导量表。[①] Barbuto 与 Wheeler 编制的服务型领导量表是目前西方学者认可的比较有效的服务型领导测量工具,它由5个维度23个测量条目组成,孙健敏等学者对他们开发的这一量表进行本土化

---

① 汪纯孝、凌茜、张秀娟:《我国企业公仆型领导量表的设计与检验》,《南开管理评论》2009年第3期。

的修订，形成了含有 5 个维度、15 个测量条目的量表。[①]

本研究选用的服务型领导量表为孙健敏、王碧英开发的本土化量表（见表2—6），共包括以下 5 个维度：情绪抚慰、劝说引导、利他的使命感、预见性智慧、社会责任感。

表 2—6　　　　　孙健敏等编制的服务型领导量表

维度	题项
情绪抚慰	1. 我的上司在帮助下属克服情绪问题方面具有天赋
	2. 我的上司能够帮助下属从不良的情绪中转变过来
	3. 我的上司善于帮助下属调节情绪方面的问题
劝说引导	4. 我的上司鼓励下属对公司的发展前景充满希望
	5. 我的上司非常具有说服力
	6. 我的上司提供了强有力的理由来说服下属做事
利他的使命感	7. 我的上司不惜牺牲自己的利益来满足下属的需要
	8. 我的上司将下属的最大利益置于自身的利益之上
	9. 我的上司尽自己所能为下属提供服务
预见性智慧	10. 我的上司似乎知道未来要发生什么大事
	11. 我的上司善于预测决策的一系列后果
	12. 我的上司关注正在发生的事情
社会责任感	13. 我的上司时刻准备着让公司为社区发展发挥更加积极的作用
	14. 我的上司看到了公司为社会做出贡献的潜力
	15. 我的上司鼓励下属在工作场所中发扬集体主义精神

第四节　服务型领导的相关研究

一　服务型领导的前因变量

员工对领导的信任是基于对领导者个人才能的肯定。专业能力

[①] 孙健敏、王碧英：《公仆型领导：概念的界定与量表的修订》，《商业经济与管理》2010 年第 5 期。

和领导能力是影响一名领导者是否成功的重要因素,有效的领导不仅具备带领团队成员完成任务的专业技能,也应该具备增强团队凝聚力、带领团队进步的领导才能。领导者的规划能力、变革能力以及伦理道德水平是影响服务型领导水平高低的重要因素。[①] 领导者的能力越高,其为员工提供服务型领导的能力也就越强。

1. 人口学变量

一般认为,男性领导者与女性领导者对服务型领导的推崇程度不同,虽然目前还未得到统一的结论,女性领导者更支持服务型领导,且采用该领导方式的也较多。[②] 年龄在一定程度上影响服务型领导行为,50岁以上的领导者表现出更多服务型领导水平。这是由于这一年龄段的领导者阅历丰富,洞悉人性,能以宏观角度看待员工与公司的发展,因而表现出更多的服务下属、体恤下属的行为。领导者受到的教育水平不同,表现出的服务型领导行为也存在不同。一般认为,领导者的教育程度越高,其服务型领导水平越高。除此之外,由于社会文化潜移默化的影响,不同种族的领导者表现出的服务型领导行为也存在程度上的差异。然而,目前大多数学者的研究成果认为人口学变量并没有对服务型领导产生影响。

2. 价值观

个人的价值观影响其态度,并最终通过行为表现出来。因此,领导者的工作态度、工作行为往往是其个人价值观的体现。领导者

---

① M. L. Farling, A. G. Stone, B. E. Winston, "Servant Leadership: Setting The Stage For Empirical Research", *The Journal of Leadership Studies*, 1999, pp. 49–72.

② M. Fridell, R. N. Belcher, P. E. Messner, "Discriminate Analysis Gender Public School Principal Servant Leadership Differences", *Leadership & Organization Development Journal*, Vol. 30, 2009, pp. 722–736.

价值观中的正直、移情会影响其服务型领导行为的产生。[①] 一个正直的领导能够通过个人的领导行为增强员工对组织、对团队的信任感，增强员工对组织、对团队的归属感和依赖性；领导的正直能够促使员工对其信服，进而信任组织，同时，具备移情品质的领导者能够设身处地从他人角度出发考虑问题并做出决策，擅长与员工进行沟通和交流，注重与员工的沟通，了解员工对团队的理解、认同和建议，关注员工的内心感受，更愿意在日常管理工作中践行"服务"，提升服务型领导水平。

3. 人格

人格是预测服务型领导行为的重要变量。领导者的人格有利于其形成服务型领导风格。服务型领导的首要动机则是服务他人，大五人格中的"宜人性"强调利他性，这从概念上表明一个"宜人性"的领导更易帮助和关心下属，帮助下属成长。领导者善于从他人角度出发考虑问题、为他人服务等表现，都是利他性的具体体现，这与宜人性的两个表现不谋而合，并且都是服务型领导所强调的特性。[②] 由此可以推断，领导者的宜人性有助于服务型领导风格的产生和培养，宜人性对服务型领导的形成有着积极的推动作用。同时，领导的胜任力也是影响员工信任领导的重要因素，是影响服务型领导风格是否有效的重要因素，当领导者强调人文关怀，具备更强的人格魅力，更加有助于服务型领导风格的形成，并且领导的知识、技能和能力水平能够使员工在该领导风格下表现出更积极的工作行为和良好的绩效。

[①] R. R. Washington, C. D. Sutton, H. S. Field, "Individual Differences in Servant Leadership: The Roles of Values and Personality", *Leadership & Organization Development Journal*, Vol. 27, 2006, pp. 700 – 716.

[②] E. E. Joseph, B. E. Winston, "A Correlation of Servant Leadership, Leader Trust and Organizational Trust", *Leadership & Organization Development Journal*, Vol. 26, 2005, pp. 6 – 22.

除上述因素影响服务型领导行为之外，组织特征、社会文化等也会影响领导者的服务型领导风格。值得注意的是，这些因素可能是单一变量作用于领导者，也可能是通过多种形式作用于领导者，或是多种变量共同影响领导者的服务型领导水平。

二 服务型领导的结果变量

一般来说，外界因素对个人的影响会有心理和行为两个方面。目前学者们探索服务型领导的结果变量主要体现在两个侧面：个体态度（主要指下属）和个体或团队行为，对员工态度变量的影响研究占了绝大部分，包括下属的信任、工作满意度和组织承诺等；对个体/团队行为变量的影响研究主要是组织绩效、工作投入和组织公民行为等。

（一）对员工态度变量的影响

1. 工作满意度

工作满意度是指一种对个人工作、工作经验的评估引发的满意、积极的情感状态。服务型领导者领导下的员工具有较高的工作满意度。

国内学者对于服务型领导和员工满意度以及组织承诺之间关系研究验证了服务型领导与员工工作满意度、员工情感承诺以及功利性承诺有正向的相关关系。[①] 服务型领导能够公正处事，不仅保障和维护组织公正，还能够满足员工需求，增强员工对工作的满意度，促使员工的工作更出色。

2. 组织承诺

组织承诺一般包括两类，即组织对员工的承诺和员工对组织的承诺。在此提到的组织承诺更多强调员工对组织的承诺。组织承诺

[①] 吴维库、姚迪：《服务型领导与员工满意度的关系研究》，《管理学报》2009年第6期。

包括三种不同的形式：情感承诺、规范承诺和持续承诺，其中规范承诺强调员工对组织的义务感责任感，表现为"我应该留在这"。规范性承诺反映了个人对依附于组织和渴望成为组织的一部分的需求，因为个体觉得他们应该维持这种关系，这也是正确的做法。员工的组织承诺水平一般受到领导和其他成员的帮助的影响，而这种帮助与服务型领导的服务维度相符合，因此可以认为，服务型领导和员工的组织承诺显著正相关。也可以说，服务型领导能够直接影响员工的组织承诺。

3. 工作疏离（工作倦怠）

疏离，是指个体感知到自己的行为失范，做的事情毫无意义，常处于无能为力的境地，甚至感到疏远、不和等主观感受。当员工对工作茫然无措，不知应该做什么时，或当员工感觉他们并没有相应的力量去影响或掌控他们周围的环境时，当员工所处的社会中，与员工相关的规章制度没有效用，且员工的社会或工作活动也普遍缺乏意义时，便会发生工作疏离这一状态。特别是员工感受到的疏离感次数越来越多，累积的疏离感达到一定强度时，员工觉得自己是被组织排斥的，工作疏离进一步加剧，且会在一定程度上转变成工作倦怠、离职意愿等。

服务型领导水平越高的人，其下属的职业倦怠比较低。[1] 服务型领导有助于降低员工工作倦怠。[2] 服务型领导风格领导下的员工较少感受到工作疏离感。服务型领导专注于服务员工，给予员工充分的工作自主权，并且尽力提供相应的组织资源使员工成长，让员工体会到理解、尊重、支持，找到自己的价值，因而员工时刻觉得

---

[1] 蔡诗凝等：《护士长服务型领导行为与护士职业倦怠的相关性研究》，《中国护理管理》2013年第13期。

[2] 李梓涵昕：《服务型领导理论及其相关研究进展》，《价值工程》2011年第35期。

活力满满，工作越干越起劲，较少出现工作倦怠等。

4. 组织信任

服务型领导为人正直，处事公正，让员工自然而然地产生信服感，不用忧心被人陷害等影响生存的问题，能在领导者带动下最大限度地发挥自己的才能与潜力。服务型领导对员工的信任水平有显著的积极影响作用，服务型领导能够正向影响员工对组织、对领导的信任，与非服务型领导相比，践行服务型领导的组织具有更高水平的领导信任和组织信任。

(二) 对员工/团队行为变量的影响

1. 组织绩效

除了影响员工的工作态度，服务型领导在行为方面的主要影响集中在员工的工作绩效和积极的工作行为。服务型领导对员工绩效有显著正向影响。当团队的服务型领导水平较高时，团队拥有更高的绩效工资。[1] 服务型领导与员工个体绩效的提升之间存在显著的正相关关系。Peterson 等通过对 126 名 CEO 进行研究发现，CEO 的服务型领导能够正向预测企业绩效。[2] 服务型领导容易得到下属的认可，且这种领导风格使下属更加信任和认可领导者，领导者很容易与下属建立良好的互动关系，同时，在服务型领导者的帮助下，员工能更好地做出明智的决定，这会激励员工的工作积极性，带来更高的工作绩效。

2. 工作投入

服务型领导水平影响工作态度与工作投入。在组织内，服务型

---

[1] J. A. Irving, "Utilizing The Organizational Leadership Assessment as a Strategic Tool for Increasing the Effectiveness of Teams Within Organizations", *Journal of Management & Marketing Research*, Vol. 12, 2005, pp. 835–848.

[2] S. J. Peterson, B. M. Galvin, D. Lange, "CEO Servant Leadership: Exploring Executive Characteristics and Firm Performance", *Personnel Psychology*, Vol. 65, 2012, pp. 565–596.

领导者更关注对下属的服务和培养，下属感受到领导的重视、关注和认可，下属的工作热情会得到很大的提升，愿意投入更多的心力去工作，出色地完成本职工作。同时由于下属对领导、对组织的认可，积极工作，更容易用心投入自己的工作为企业创造价值，从而产生较高的工作绩效。一般来说，领导者的服务型领导行为越多，下属的工作投入越多。

3. 组织公民行为

服务型领导重视对员工的指导，不仅关注员工工作情况，而且帮助员工解决生活上的难题，这有助于员工将组织当成自己的家，除了完成本职工作外，还愿意付出额外努力促进组织的团结与强大，维护组织的利益和发展。因此，服务型领导有利于员工组织公民行为的产生，这种正向影响作用不仅适用于企业，同样适用于事业单位。服务型领导的服务维度、授权维度与组织公民行为中提供帮助、自我提高以及积极参与维度之间密切相关。[①] 服务型领导能够有效处理团队矛盾，协调好团队中相处沟通问题的突发状况，并且能够赏识员工，促进员工成长，提升"服务型领导"风格，真正成为一个"服务型领导"者。

4. 建言行为

建言行为是以改进、优化为目的向组织提出建设性意见来提升组织绩效的行为。建言行为意在鼓励员工积极参与决策，优化组织结构，充分发挥员工积极主动性，提升组织效能。这与服务型领导的"为员工服务"的理念一致。因此，服务型领导有可能激发员工的建言行为。服务型领导对员工的建言行为具有积极影响。目前有关探究服务型领导与建言行为的关系的实证研究较少，还需从不同

---

① M. G. Ehrhart, "Leadership and Procedural Justice Climate as Antecedents of Unit-level Org", *Personnel Psychology*, Vol. 57, 2004, pp. 61 – 94.

角度进一步验证服务型领导对员工建言行为的影响。

三 小结

有关服务型领导的概念、测量、结果变量等方面已取得重要研究进展。但作为一个新兴研究领域，服务型领导相关研究还存在一定的不足，服务型领导理论的成熟，还需要大量定性、定量研究的开展。在总结现有研究的基础上，未来研究还可以从以下几个方面去优化：

首先，探索服务型领导的影响因素。虽然实践者和理论者们都认同了服务型领导的重要意义，已有的实证研究结果也在一定程度上表明了该类领导风格的积极作用，但学术界却缺乏对服务型领导形成原因的研究，迄今为止，涉及服务型领导前因变量的实证研究非常少。一个有价值的领导理论必须能够描述领导者行为的原因、预测具体领导行为的结果并识别出可使领导力有效性最大化的具体环境。[1] 因此，服务型领导前因变量的探索，是未来研究的重点。一些学者已经从理论上提出了服务型领导可能的影响因素，如个体特征方面的政治技能、诚信、亲社会动机、情绪智力、经验开放性等，情境变量方面的组织文化等。

其次，深化服务型领导的作用机制研究。一方面，有必要对服务型领导各个维度的影响效应进行分析。现有的服务型领导影响效应研究，大多将服务型领导作为单维变量进行考察，服务型领导的不同维度对员工绩效、组织公民行为、满意度等结果变量的影响很可能存在显著差异。另一方面，未来研究的一个重要方向就是探索服务型领导与结果变量之间关系的调节变量。服务型领导与组织结

---

[1] S. Sendjaya, J. C. Sarros, "Servant Leadership: Its Origin, Development, and Application in Organizations", *Journal of Leadership & Organizational Studies*, Vol. 9, 2002, pp. 57 – 64.

果之间的关系是否会受到情境因素、个体差异的影响？具体包含哪些因素？

最后，优化研究方法。量表开发仍是服务型领导研究领域的重点，因为成熟的心理测量方法是组织行为领域理论发展的前提。虽然已有不少研究对服务型领导量表开发进行了有益的尝试，但只有Liden等开发的多维量表在不同样本之间保持稳定的因子结构，且涵盖了服务型领导的多数特征。在研究设计上，现有研究多采用横向研究设计，这不利于界定变量间的因果关系，以后的研究有必要采用纵向研究设计，以研究领导者、追随者之间的动态相互作用。

随着西方学术界对服务型领导的重视，我国学者虽然对服务型领导进行了一些研究，但系统性研究明显不足，实证研究也很少。作为新兴理论，服务型领导理论只有逐渐成熟起来，才能帮助学者、管理者更好地理解如何在实践中应用好服务型领导风格。鉴于该类领导风格在当代社会背景中潜在的应用空间，本研究将从员工个体层面和领导层面探索服务型领导对员工行为的影响。

第 三 章

建言行为

第一节 建言行为的内涵

"建言行为"一词译自英文单词"Voice behavior"。最早进行建言行为研究的学者是赫希曼（Albert O. Hirschman）。1970 年，赫希曼在 Exit, Voice and Loyalty: Responses to Decline in Firms, Organizations and State 一书中将建言定义为，努力改变而非逃避，不管是通过个人还是集体向管理层呼吁，或者向更高的权威呼吁，或者通过各种股东公众的行动或抗议，目的是施加管理变革[1]。赫希曼认为建言行为是员工或顾客对组织表达自己不满的一种反应，并因此构建了 EVL 模型（Exit, Voice, Loyalty）。建言行为研究逐渐引起了广大学者的关注，之后，Rusbult 和 Farrell 对赫希曼的 EVL 模型进行修订，提出了员工应对组织中不满意情形时的 EVLN（Exit, Voice, Loyalty and Neglect）模型。从 1995 年开始，对建言行为的认知有了突破性进展，越来越多的研究者们开始将建言行为独立于 EVLN 之外，逐渐把建言行为作为一种主动的建设性的角色外行为进行研究。

---

[1] 史普原：《组织衰减的回馈与恢复机制——读赫希曼〈退出、呼吁与忠诚：对企业、组织和国家衰退的回应〉》，《社会学研究》2010 年第 3 期。

国内外学术界对于"voice behavior"的理解并未达成一致，国内外学术界所用的"建言行为"一词，或者在一些研究中出现的"进谏行为""呼吁""合理化建议"等词汇，均是基于某种特定情境下的解读。在众多解释中，较为研究者们所接受的对"建言行为"的理论内涵理解是 LePine 和 Van Dyne 的定义。LePine 和 Van Dyne 认为，建言行为是一种员工行为，是描述员工为改进组织现状而主动提出意见或者建议的建设性行为，建言行为和组织中的助人行为（helping）共同构成员工的角色外行为。[①] 建设性意见可以包括以下内容：如何使组织状况得以改进、如何更好地和同事协调合作等。

相对于国外浩繁而多样的研究，国内关于建言行为的研究起步较晚，但也取得了一定的成就。国内关于"建言行为"的研究中，建言行为的概念由段锦云等引入国内，在中国情境下翻译后命名为"进谏行为"。在概念界定方面，大多采纳 LePine 和 Van Dyne 的定义，虽然也有少数学者提出了自己的定义，但在内容上大同小异，并且也赞同将员工建言行为视作一种积极的角色外行为的观点。比如，段锦云和钟建安认为"建言行为是指以改善环境为目的、以变化为导向，富有建设性的言语行为"[②]。段锦云凌斌认为员工建言行为是"员工为了改善企业的现状和促进其发展而将心中的想法表达出来的行为"[③]。

综上所述，虽然国内外学者对建言行为的描述和解释不尽相同，但是对于建言行为的目的性、行为属性、行为方式等方面已经

[①] J. A. LePine, L. Van Dyne, "Predicting Voice Behavior in Work Groups", *Journal of Applied Psychology*, Vol. 83, 1998, pp. 853 – 868.
[②] 段锦云、钟建安：《组织中的进谏行为》，《心理科学》2005 年第 1 期。
[③] 段锦云、凌斌：《中国背景下员工建言行为结构及中庸思维对其的影响》，《心理学报》2010 年第 10 期。

产生了共识，主要有：

(1) 建言行为的目的。组织内员工的建言行为目的在于改善现有组织现状（包括组织结构、人员构成、工作流程、产品服务、环境等），提高组织效率或减少决策失误的发生，最终保证组织在良性的发展轨道上。之前的研究中，员工建言行为不仅会以积极的、具有建设性的形式呈现出来，还会以抱怨、批评甚至离职等形式表现出来。但是，两种形式的目的和出发点截然不同，前者是以改善组织现状为目的和出发点的，是组织内创新的重要来源，而后者只是员工情绪性的表达，并非以改进组织绩效为出发点。除此以外，检举行为作为一种建言行为，是指对于组织中的不道德、不合规行为的越级揭露。

(2) 建言行为的属性。建言行为是一种主动性的角色外行为。建言行为是一种组织公民行为，建言行为并不会影响员工的薪酬，员工的建言行为仅仅是员工作为组织内人员参与意识的体现，其行为本身并非组织要求或者期待的，并未纳入职位说明书中。建言行为不仅包括员工在工作不满意时所表达的抑制性意见，更多地表现为在正常情况下对组织建设性的改进意见。

(3) 建言行为的形式。建言行为是员工与同事、上级之间进行的沟通交流行为，具体的形式多种多样。可以通过电子邮件、书稿、会议等正式的场合进行建言，也可以采取电话、直接交流、短信等私下交流方式。

(4) 建言行为的内容。由于建言行为的最终目的是改善组织现状、提高组织运行效率，因此，建言行为的主要内容涵盖组织运行的方方面面，比如工艺流程、人员结构、产品质量、财务运行、服务等方面。

(5) 建言行为的发生机制。是否建言是员工经过权衡利弊之后的理性行为，一般认为，只有当该建言行为的潜在收益大于潜在风险时，员工才有可能采取建言的方式表达自己的意见和建议。建言行为的潜在收益主要有两种形式：一是员工表达意见后组织给予的正式收益，比如给员工增加薪酬待遇、升职等；二是建言行为给员工带来的非正式收益。主动的、具有建设性的建言行为能够体现员工对于组织的忠诚度和参与意识，从而增强上级对其能力的认知，可以表现出员工的岗位胜任力。建言行为的初衷是为了改善组织效率，行为的发生也可以让其他同事感知到员工对于组织和其他同事的关心。另外，建言行为也存在风险，潜在的风险主要表现在建言行为如果涉及同事或者上级的利益，那么该员工有可能被同事和上级管理者误解为"习惯性抱怨""刻板""吹毛求疵"，尤其是针对现状的抑制性建言行为。

建言行为对组织发展的影响表现在对员工绩效、组织创新等效能的影响上，建言行为也有利于增强企业内部员工组织公民行为。中国古语有云"兼听则明，偏听则暗"，也说明了建言行为的重要性。同时，建言是员工参与组织管理的一种特殊形式之一。建言可以提高员工参与组织活动的主观能动性，促进工作控制感及自我效能感。

第二节 建言行为的维度与测量

一 建言行为的维度划分

对于员工建言行为的维度划分，不同的学者从各自不同的研究视角出发，对建言行为的维度进行划分，多数学者认为建言行为不止包含一个维度。

（一）单维模型

最早提出建言概念的赫希曼在其 EVL 模型中认为建言行为是单维的。但在之后的研究中，学者们拓展了建言行为的研究深度和领域，并认为建言行为并非只有一个维度或因素构成。

（二）二维模型

Van Dyne 等根据实证研究结果提出建言行为可以分为两个维度：第一个维度既包括了提倡改善措施的促进性行为，还包含了对现状进行挑战的抑制性行为；第二个维度既包括为了加强人际间关系的亲和型行为，又包括了聚焦于问题、以创新为改变导向的挑战型行为，并开发了 6 个条目的测量量表。① 基于对认知偏好的差别认识的角度出发，将建言行为划分为常规性建言和创新性建言。其中，常规性建言是针对组织中已有问题提出改进意见，从而进行改善；创新性建言则是对广泛接受的工作方式形成挑战或延伸的改进意见。根据建言氛围的不同将建言行为分为两个类型：自利式和众利式。两种建言的出发点完全不同：众利式建言是能够对组织的发展起到积极推动的作用，其目的是在解决自身工作问题的同时也要解决组织中存在的问题；而自利式建言是对当前现状具有破坏性的，员工没有考虑到组织中存在的问题，不顾组织的利益，提出该建言只是为了使自己的工作环境问题得到解决。

根据建言的指向对象不同，把建言行为分为指向上级的建言行为和指向同级的建言行为。段锦云和凌斌从个体心理需要入手，将建言行为划分为顾全大局式建言和自我冒进式建言。② 顾全大局式建言指的是个体树立与情境融合联系的心理需要，而自我冒进式建言指的是满足个体独立性增强的需要。

梁建和樊景立等在中国文化背景下将建言行为划分为促进性建

---

① D. Vandewalle, L. Van Dyne, T. Kostova, "Psychological Ownership: An Empirical Examination of its Consequences", *Group & Organization Management*, Vol. 20, 1995, pp. 210 – 226.

② 段锦云、凌斌：《中国背景下员工建言行为结构及中庸思维对其的影响》，《心理学报》2011 年第 10 期。

言和抑制性建言。① 促进性建言体现的是员工踊跃为自己的组织提出建设性意见，主要涉及为提高组织绩效而提出的新观点和新方法。而抑制性建言体现在员工勇于指出组织的缺点和错误，即不利于组织的工作实践、事件或员工行为而提出的建议，在提出上述二维结构的基础上，开发了10个条目的测量量表，其中促进性建言行为和抑制性建言行为的测量条目各5个。

（三）三维模型

Van Dyne、Ang和Botero从员工建言的动机入手，将建言行为划分为亲社会性建言、防御性建言和默许性建言。基于强烈合作动机和利他导向，坦诚地提出与工作相关的问题并公开提出自己的改进观点的行为就是亲社会性建言行为；而防御性建言则是以保护自身利益为基础进而表达自己意见的建言行为；默许性建言行为则是一种被动地、从众地表达与工作相关的想法，主要是受员工低自我效能感所影响的。②

综上所述，建言行为不是简单的单一维度，而是复杂的多个维度，因此建言行为维度的分类方法种类繁多，但关于建言行为的分类暂时并未达到一种普遍性的共识。上述多样化的研究为建言行为的研究提供了多元的研究思路，便于集思广益，找到一种建言行为结构使其具有较强的普适性。同时，随着各领域学者对建言行为的深入研究、分析和挖掘，建言行为的维度与结构也在不断扩展，有利于建言行为的进一步扩展和综合。

---

① J. Liang, C. I. C. Farh, J. L. Farh, "Psychological Antecedents of Promotive and Prohibitive Voice: A Two-Wave Examination", *Academy of Management Journal*, Vol. 55, 2012, pp. 71–92.

② L. Van. Dyne, S. Ang, I. C. Botero, "Conceptualizing Employee Silence and Employee Voice as Multidimensional Constructs", *Journal of Management Study*, Vol. 40, 2003, pp. 1359–1392.

二 建言行为的测量

从建言行为的测量角度来看，在已有的研究中，学者们采用了不同的方法对建言行为进行测量，主要分为两种，即实际测量和量表测量。实际测量是通过统计建言行为发生的具体次数来测量建言行为，虽然简单易行，但并不能反映建言行为的具体内容，因此并没有得到广泛应用。

最早的具有代表性的建言行为量表是 LePine 和 Van Dyne 编制的六个题项的建言行为量表（见表3—1）。[1]

表3—1　　　　LePine 和 Van Dyne 的六项建言行为量表

序号	题项
1	这名员工会就影响工作团队的问题提出建议
2	这名员工提出影响团队的问题，并且鼓励其他团队成员参与解决
3	在这个团队中，即使他（她）的观点与其他人不同，或者其他人不同意他（她）的观点，他（她）仍会就工作问题与其他人交流观点
4	这名员工全面了解对工作团队有益的事宜
5	这名员工参与影响团队工作质量的事务
6	这名员工会就团队新项目或程序性变革说出新想法

在此之后，大量学者根据研究变量以及研究情境的不同，对 LePine 和 Van Dyne 编制的六项建言行为量表进行了修订。如 Liu 等[2]在检验变革型领导行为及社会/自我认同与建言行为之间的关系时，对 LePine 和 Van Dyne 设计的六项建言行为量表进行了适当修

---

[1] J. A. LePine, L. Van Dyne, "Predicting Voice Behavior in Work Groups", *Journal of Applied Psychology*, Vol. 83, 1998, pp. 853–868.

[2] W. Liu, R. Zhu, Y. Yang, "I Warn You Because I Like You: Voice Behavior, Employee Identifications, and Transformational Leadership", *Leadership Quarterly*, Vol. 21, 2010, pp. 189–202.

改，将原量表中的"他人"改为"同事"，有利于使建言行为的目标或行为更加详细具体。由于他们是基于员工面对主管的建言行为这一角度进行测量的，因此他们又加入了"此人经常尝试说服他（或她）的主管来变革无意义的或适得其反的组织规章或政策"等项目来进一步表明他们的建言行为，最终形成了包含9项内容的建言行为量表。该量表的内部一致性信度为0.94。Liu等的测量由于采用了员工自我报告及同事报告两种方式，因此避免了同源误差问题。

梁建等[①]在研究心理前因变量与建言行为之间的关系时，将LePine和Van Dyne编制的量表与Farh及其同事编制的我国情境下的组织公民行为量表结合使用，其中后者是一个包含38个测量促进性建言的题项及18个测量抑制性建言题项的量表。他们将所有的题项交给管理学专家进行评估，并根据中国背景，建立了新的测量工具，最终开发出一个促进性建言与抑制性建言各五个题项的量表（见表3—2）。该量表开创性地将建言行为划分为促进性建言和抑制性建言两个测量维度，并且该量表是针对我国情境开发的。与西方文化相比，我国文化中的权力距离大且强调人际关系的和谐及双赢，因此在我国文化情境下，建言被视为一种有风险的行为，所以在对其进行测量时，有必要加强对心理安全等心理因素的考虑。

Premeaux和Bedeian为研究社会认同与建言行为之间的关系开发了一个建言行为量表。[②] 为了确保量表的题项具有较高的建构效

---

① 梁建、唐京：《员工合理化建议的多层次分析：来自本土连锁超市的证据》，《南开管理评论》2009年第12期。

② S. F. Premeaux, A. G. Bedeian, "Breaking The Silence: The Moderating Effects of Self-Monitoring in Predicting Speaking Up in The Workplace", *Journal of Management Studies*, Vol. 40, 2010, pp. 1537–1562.

度，遵循严格的多程序设计过程来进行量表开发，最终提取出 5 个题项（见表 3—3），该量表采用同事评级的方式来评估员工的建言行为，进一步完善了研究方法，为通过同事观测研究工作场所表达提供了一个实证先例。

表 3—2　　　　　　　　梁建等的建言行为量表

维度	题项
促进性建言	1. 积极主动地解决影响工作团队的问题，并为其提出建议
	2. 积极主动地为有益于工作团队的新项目提出建议
	3. 提出建议以完善工作团队的工作流程
	4. 主动提出建设性建议以帮助工作团队实现其目标
	5. 提出建设性建议以完善工作团队的运营
抑制性建言	6. 建议同事抵制那些会降低工作绩效的行为
	7. 即使有异议，也诚实地指出那些可能会给工作单位造成严重损失的问题
	8. 即使会令他人难堪，也敢于就那些会影响工作单位效能的事情表达观点
	9. 即使会影响自己与同事的关系，也会指出工作单位出现的问题
	10. 积极主动地报告工作场所的管理协作中出现的问题

表 3—3　　　　　　Premeaux 和 Bedeian 建言行为量表

序号	题项
1	当工作场所发生他（她）认为不合适的冲突时，他（她）会说出来
2	被授权时会容忍别人的行动或想法
3	当事情必须要说时，能指望你说出来吗
4	他（她）如果感到一个计划或想法不起作用，就会说出来
5	在商讨有争议的问题时，他（她）会保持沉默而不是说出自己的想法

第三节　建言行为的相关研究

学术界关于建言行为的相关文献研究主要分为前因研究、结果研究。结果研究在建言行为理论提出之前，其对于组织的有效促进作用就已经得到了证实。目前在建言行为各个层面的研究中，最主要的视角以及最引人关注的是有哪些因素会影响到员工的建言行为。从建言行为影响因素的层面上来看，主要可以分为三个大类，一是从员工个体层面进行研究，员工的个体差异是影响员工建言的因素，主要包括人口统计学特征、个性差异、个人情绪、受教育程度，等等；二是从组织层面进行研究，组织环境、组织氛围、组织结构、组织文化等都是非常重要的影响因素；三是组织中管理者的领导风格作为一种特殊的组织因素，也对建言行为产生着重要的影响。因此，主要从这三个角度对建言行为的影响因素进行分析和研究。

一 员工个体因素对建言行为的影响

鉴于建言的重要性以及员工在建言时的矛盾心理，近年来关于影响员工的建言行为的研究已不断增加，综合现有研究，以员工个体方面的主观和客观因素对建言行为进行了分析和阐述。影响员工建言行为的个体因素有以下几方面。

1. 人格

人格是构成一个人的思想、情感及行为的独特模式，这个独特模式包含了一个人区别于他人的心理品质。人格是一个复杂的结构系统，它包含许多成分，其中最主要的有气质、性格、自我调控等方面。

性格是指一个人对现实的态度和习惯化的行为方式中表现出来的较稳定的有核心意义的个性心理的特征。影响人的性格因素有很多，如遗传、环境、个人经历等。人的性格也是多种多样的。相较于被动型性格的人来说，主动型性格的人产生建言行为的概率更高，个体主动性与员工建言行为之间具有较为明确的正相关关系。

塔佩斯等运用词汇学的方法对卡特尔的特质变量进行了再分析，发现了5个相对稳定的因素，即大五人格，包括外倾性；宜人性；责任心；神经质或情绪稳定性；开放性。[1] 大五人格对建言行为的影响表明，具有果断、冒险、乐观特点的外倾性人和具有尽职、成就感特点的责任心较强的员工，会较多地提出自己的建议，而具有焦虑、敌对、压抑、脆弱的特点的情绪稳定性差的人则很少进行建言行为。[2]

2. 认知风格

认知风格是指个人所偏爱使用的信息加工方式。威特金于20世纪40年代发现了认知方式的个体差异，即场独立性和场依存性的差异。[3] 场独立性的认知风格的人在日常工作中出现建言行为的可能性更强，他们对于建言行为的风险考虑较小，对人际关系也考虑较少，坚持自己的观点和想法，并勇于将自己的想法表达。场依存性的认知风格的人则会对自己进行建言行为的前因后果进行权衡，重点考虑该行为对自己的影响，因而进行建言行为的可能性就比较小。

3. 价值观

价值观是指人对社会方式与生活目标的社会意义和价值的观念。人的价值观不同，其对职业目标的追求和行为的动机也不相同。有人以追求真理为目标，且个人价值观与组织价值观相符，则这些员工在工作中就会针对公司出现的问题进行建言行为；有

---

[1] 彭聃龄：《普通心理学》，北京师范大学出版社2012年版，第499—511页。

[2] J. A. LePine, L. Van Dyne, "Voice and Cooperative Behavior as Contrasting Forms of Contextual Performance: Evidence of Differential Relationships with Big Five Personality Characteristics and Cognitive Ability", *Journal of Applied Psychology*, Vol. 86, 2001, pp. 326–336.

[3] 彭聃龄：《普通心理学》，北京师范大学出版社2012年版，第512—515页。

人以享乐主义为目标且个人价值观与组织价值观不符，则该员工或对于公司出现的问题就不会予以过多关注，自然不会产生建言行为。

4. 抱负水准

抱负水准是指一个人欲将自己的工作做到某种质量标准的心理需求。它反映出个体的期望和目标，并依据个体需求而发生变化。一般来说，个人成败经验影响个人抱负水平的高低，制定与自己能力相匹配的目标也是发挥抱负水准激励作用最大化的重要途径。抱负水准太低的人，缺乏一定的上进心，胸无大志，成就动机低，从而对于建言行为产生的积极作用也并不重视。抱负水准太高且高于自己的能力限度的人，虽有心进行建言行为，但因其种种原因，导致建言的内容与组织或自身需要的匹配性低，因而也不能进行很好地发挥和有效地实现建言的目标。员工如拥有与自己能力限度相称的稍高水平的抱负水准，意味着其进行建言行为的可能性就越大。

5. 个人动机

根据动机的性质，人的动机可分为生理性动机与社会性动机。社会性动机又包含成就动机、权力动机等。当员工的成就动机和权力动机较高时，出于对高成就和高权力的渴望，员工就更愿意进行看起来比较有挑战性、有难度的建言行为，从而使自己得到心灵和物质上的满足。

6. 受教育程度

受教育程度也是员工在组织中发表观点、表达看法的影响因素。Farrell 和 Rusbult 研究证实，受过良好教育的员工往往会表现更多的建言行为。① 受教育水平较高的个体对组织接受自己的意见和想法持肯定态度，更认可自己，相信自己的想法，因而更有可能敢于向组织表达出自己的建议。教育水平低的个体对于自己的意见和想法被认可的程度较不自信，因此较少发表自己的言论。

二　组织与情境对建言行为的影响

从影响员工建言的主要因素来看，个体与管理者同属组织必不可少的构成部分，所以组织与情境因素对员工建言的影响不容小觑。员工在组织内及其所处情境的主观感受与被动心理反应是影响员工建言的主要因素，主要包括组织承诺、组织支持感、组织文化、职业成长等。

1. 组织承诺

组织承诺也可译为"组织归属感""组织忠诚"等，一般是指个体认同并参与一个组织的强度。它不同于个人与组织签订的工作任务和职业角色方面的合同，而是一种"心理合同"，或"心理契约"。在组织承诺里，个体确定了与组织连接的角度和程度，除了含有正式角色必须具有的承诺，还包括一些特别的角色，就是那些正式合同无法规定的职业角色外的行为。

从管理实践的角度来看，员工情感承诺受到来自组织中领导沟通技能、变革型领导行为、上司反思能力调节作用的影响。情感承诺高的员工，更愿意将组织的长远发展与自身发展连接起来，有更强烈地为组织发展提供各种支持的情感，从而能够更加积极地提供相关的信息、创新点子、意见建议等以促进组织的健

---

① D. Farrell, C. Rusbult, "Understanding the Retention Function: A Model of The Causes Of Exit, Voice, Loyalty and Neglect Behaviors", *The Personnel Administrator*, 1985, Vol. 30, pp. 129 – 136.

康持续发展。持续承诺在一般情况下对员工建言行为具有负向影响，但在"低情感—低规范"背景下，只有高持续承诺才能引起较高的建言行为；而规范承诺在一般情况下对员工建言行为具有正向影响，但在"低情感—高持续"背景下，高规范承诺反而会降低建言行为的产生。

2. 组织支持感

组织支持感源于组织是否愿意对员工的工作投入予以回报和满足他们的社会情感需要。当员工的建言行为对来自组织方面的支持产生积极的认知感受时，他们对组织本身也会产生比较正向、乐观的看法和信念。组织支持感对员工建言的积极作用主要体现在以下三个方面。

第一，组织支持感对员工的积极工作态度和工作满意度具有正向影响（员工所感知到的组织支持感，对建言行为有正向的影响）。随着组织支持感的提高，员工对组织的情感性承诺也相应提高。因此，在员工建言中，高组织支持感意味着员工的建言行为被认可、尊重，自然而然地，员工在后续的组织工作中会以更好的工作绩效及角色外行为来获得组织的认可与回报，这也有利于进一步激发员工建言行为的意愿与行动。

第二，组织支持感对员工的消极工作态度具有负向影响。基于社会交换理论，高组织支持感会使员工产生支持组织目标的责任感，增加员工组织认同，促进员工建言。社会交换理论的代表人物布劳认为，社会交换存在于员工感受到组织重视他们的贡献和关心他们的生存状态时，即感受到较高水平的组织支持感时，将会受到激励，此时基于互惠的理念，员工会做出回报组织的行为，也更加认同组织的文化和价值观。

第三，组织支持感对员工的工作投入具有正向影响。工作投入是指个体在心理层面认同自己的工作的一种总体信念状态。研究发现，高组织支持感能够显著地提升员工对其所从事的工作的认同感。员工对工作认同感的提升势必会对员工建言行为产生正向影响。

3. 组织文化

组织文化即组织内一切活动的思想核心理论基点，是组织的重要媒介，把组织理念文化落实到日常工作中去，对组织及员工都有潜移默化的影响。组织氛围是组织文化的一个重要组成部分，在组织中，员工建言的行为主要受到来自组织内建言氛围的影响。此外，在组织的领导者正式沟通和组织内非正式沟通影响下的建言机制也是组织文化下的产物。

组织氛围是在员工之间的不断交流和互动中逐渐形成的，并且对员工的各方面都形成一定的影响。支持性组织氛围的基调会影响员工内在对建言效用的正向判断，从而提高其建言的可能性，激发员工有益于组织的建言行为。

组织的建言机制主要受到来自领导者的正式沟通和员工之间彼此交往自发形成的非正式沟通。领导者在与员工的正式沟通中保持的开放性、控制性，会进一步提高员工建言思想的积极性。员工之间的非正式沟通主要以传闻为其大体特征。非正式沟通过于盛行，将会产生影响组织氛围的不良因素，严重的甚至影响员工的正常工作秩序，对员工建言行为及其后果产生消极影响。

4. 职业成长

在员工职业生涯中，当员工在一个组织内得到较好的发展，往往会倾向于更加认同组织更加愿意留在组织，当其发现组织中存在潜在问题或者需要变革程序时，则有可能进行建言行为。从职业成长对建言行为的影响来说，可以从员工对组织的情感、组织自尊与员工的内在规范等方面进行解释。

当员工在组织内部获得良好的职业成长时，会从内心更加认同组织并自发产生内在的认同感，并积极主动地为组织提供建设性意见。同时，员工还能感受到组织目标的激励，从而更加主动地参与建言行为，为组织的长远发展贡献力量。

当员工在组织内部获得良好的职业成长时，组织自尊会得到提高。组织自尊是指个体对自身在所属组织中是具有胜任力的、重要且有价值的感知程度。当员工在组织中获得较好的职业成长时，他们的职业目标进展顺利，职业能力得到不断提升，组织给予的物质性、精神性回报也不断增加，员工的组织自尊也必然越来越强。高组织自尊的员工会从外在表现力强化自己的积极性，并认为自己有能力为组织提供有意义的建设性意见，表现出更多的建言行为。

基于社会交换理论的员工内在道德规范来说，互惠是人们行为的普遍准则，在组织内部，员工会视组织为一个具有人性特征的整体，当员工认为组织为自己的发展提供了帮助并让自己受益时，就会从内心产生回报组织的意愿，其内在道德规范会促使其参与到角色外行为中，由此而驱动员工建言。

三　领导风格对建言行为的影响

领导对员工建言行为具有重要且不可替代的影响。一方面，领导者是员工建言行为的对象；另一方面，领导者在其职权范围内可以决定或影响下级的薪水、晋升、提拔、奖金、表扬，或分配有利可图的任务、职位，或给予下属希望得到的其他物资资源或精神安抚、友谊、亲近等。建言行为中领导的风格、行为、素质、结构与影响力等比较复杂微妙，这就造成了员工在参与建言动机上的模糊和行动上的被动与不足。

1. 服务型领导对员工建言行为的影响

服务型领导对员工建言行为具有促进作用，服务型领导的程度越高，越有利于员工进行建言。这是因为，服务型领导者有意识地将员工的愿望、需求、利益放在自身利益之前，并积极地为员工提供服务。这种氛围下，员工感受到领导者对自己足够的信任和尊重，减少员工对因建言而会受到打击报复的担心，从而提高了员工进行建言行为的意愿。

根据领导交换理论，领导会与某些特定员工之间形成一种特殊的依赖关系。员工群体会分为"内团体成员"和"外团体成员"。权力强的服务型领导能为员工营造一个良好的服务氛围，员工和领导之间形成一种很强的依赖感，这种依赖感会增强员工"内团体成员"身份认知，从而提高了员工的责任心与角色服从性，进而促使员工产生更多的建言行为；权力相对较弱的服务型领导难以营造一个良好的服务型氛围，员工较难产生对领导强烈的依赖感，这种条件下领导者无法帮助和支持员工实现自我理想和目标，员工的"内团体成员"身份认知感低，不容易对建言角色产生认同，从而抑制建言行为的产生。从这个意义上说，服务型领导的服务意识越强，且力主形成利他、利组织的组织氛围时，个体会体会到领导者的用心，会由此激发对领导者和组织的感激之情，更易激发员工的工作热情和工作认同，能够体会到"主人翁"精神，更愿意为组织的长远发展发挥作用，因此，在员工跟随高服务型领导时更易产生建言行为。

2. 变革型领导对员工建言行为的影响

从变革型领导的具体领导行为来看，领导魅力、感召力、个性化关怀和智力激发都可能提升员工建言的积极性：领导魅力将唤起下属强烈的情感认同，员工对上级信任会使得员工勇于承担风险，积极向上级建言，提出对组织有意义的改进建议；拥有感召力的领导者向下属描述令人向往的愿景和寄予较高的期望，这将激发下属的工作热情，使下属更愿意为组织的未来出谋划策，积极建言；个性化关怀行为体现在领导者能主动聆听员工的心声，当员工感受到变革型领导的关心和支持时，会加强对组织的信任，即使有风险，也会勇于建言；领导者的智力激发行为强调积极营造开放环境、追求新知及尊重首创精神，这将激发员工的主动建言意识，积极为改变组织的现状建言献策。变革型领导能够提高员工对领导的认同，因此能促进员工建言行为的产生。

3. 授权赋能型领导对员工建言行为的影响

领导者的支持和鼓励，能够促进员工对授权赋能行为的感知，而被授权赋能的员工能够更倾向于积极地提出并解决工作中遇到的问题。授权赋能型领导者关心员工的职业生涯发展及为员工提供学习、发展机会等行为都有利于促进员工建言的产生；从过程控制及结果和目标控制层面分析，领导者对员工工作行为和工作进程的询问和把握体现了领导者对下属的关注和重视，这种关注和重视能够增强员工对领导的亲近感，促进建言行为的产生；从权力委任和参与决策层面分析，领导者充分授权、尊重员工的意见及让员工参与决策等行为，充分体现了领导或组织对员工的支持和信任，这种支持和信任能够增强员工的心理安全感知，从而降低建言后产生的一系列风险，有利于建言行为的产生。从工作指导层面分析，领导者给予员工鼓励、帮助和支持等都有利于增强员工的内部人身份感知，这种内部人身份感知能激发员工产生更多的对组织负责任的自主性和积极性，都有利于员工建言行为的产生。

4. 家长型领导对员工建言行为的影响

家长型领导包括三个维度：权威型领导、仁慈型领导和德行型领导。不同维度具有一定的相互独立性和可分割性，可能会对建言行为产生不同的影响。

（1）权威维度对建言行为的影响。权威型领导往往表现出对员工的绝对控制，专制和霸权甚至容不得出现反对意见。权威型领导对建言建议的蔑视、对建言行为贡献的贬低，会让员工认为建言行为是不被允许的，同时严明的纪律与霸权行为易激起员工对上级的恐惧，减少心理安全感，使下属不敢建言。根据经济理性理论，员工在进行建言决策时会进行成本收益分析，即员工会将建言成本与建言收益进行比较，进而选择效用最大化的行为，对于建言这种高风险低收益行为，员工往往选择沉默。因此可以认为权威领导会抑制员工建言产生。

（2）仁慈维度对建言行为的影响。仁慈领导强调的是领导者关心体谅下属个人工作生活，对员工的个别情绪进行照顾等。根据社会交换理论中的互惠规范原则，由于一种无形的互惠责任存在，受惠方在接受别人的施惠后，会产生在未来的某一个时刻回报施惠方的想法，并且不限定回报的方式。仁慈领导对员工的关怀与照顾会使员工产生报答行为，员工会为了回报领导而选择建言献策。

（3）德行维度对建言行为的影响。德行领导主要表现在公私分明、以身作则，下属则会表现出认同和效法。德行领导的高尚品德能够增强员工对领导的认同，使员工做出更多努力，形成高质量的领导—成员交换关系。高质量的领导—成员交换关系又能够显著促进员工建言，可以推论出德行领导能够促进员工建言。

服务型、变革型、授权型以及家长式领导中的德行和仁慈型领导者给予下属尊重、关怀、信任，让下属拥有决策建议权和发言权，并适当地对建言行为给予表扬和奖赏，对建言行为具有正向作用。而家长式领导中权威型领导过于专制独裁，员工缺乏自由，工作氛围紧张，对建言行为具有负向作用。

四 小结

以往理论界对建言行为的概念定义不一,不同的学者从各自角度做了不同维度的划分,这种划分可能基于性质、基于动机或基于建言对象等;建言行为的影响因素研究,主要集中在个体层面(个性、人口统计变量、认知风格、个人控制等)、组织层面(工作满意感、组织承诺、心理契约、组织公平等)和领导行为方面,包括领导的管理开放性,领导—成员交换、变革型领导等。以往研究大多以西方文化背景为主导,这些研究是否普遍适用于中国文化情境,中国文化对建言行为具有怎样的影响?这是开展本土化研究应该探讨的问题。与此相关的研究已引起了学者的关注,有研究表明,相对于权力距离小的国家(如美国),权力距离大的国家(如中国)的员工,对自己没有机会通过建言参与决策的消极反应小。但这类研究目前尚不多见,因此,开展此类研究显得十分必要。

第四章

心理所有权

第一节 心理所有权的内涵

心理所有权是个体对实质有形或无形的客体产生的所有情感。当个体存在心理所有权状态时，个体能够感觉自己与目标客体在心理上紧密联系在一起。为更好地把握心理所有权的内涵，本节从心理所有权的提出、定义、产生根源与形成路径等方面展开论述。

一 心理所有权的提出

（一）所有权

有关所有权的记载最早起源于古罗马法律，它是物权中非常重要且完整的权利。传统的所有权概念是一个法律术语，受到社会的接受与认可，并受到法律体系保护，但它却没有一个明确的定义，没有明确揭示此概念指向的目标属性。所有权通常是指某个"东西"的所有权，也并未限定这个"东西"是物质的还是非物质的。

所有权是现代各国民法中关于物权的重要组成部分，是个人财产的法定权利，一般来说，财产是所有权的重要组成部分，能够表明个体对其的支配、控制作用，这也是自我的一种反映。所有权通常侧重于通过法律、法规赋予的外在意义，强调"权利"一词的延伸，它被认为是一系列与之相关的支配归属权、知情权和金融股权。所有权的意义常与这三个权利联系在一起，这也是现代社会中最常被认可的所有权。人们通常用人称代词和物主代词表达所有权，如我的、我们的、他们的东西。这种所有权不仅体现在法律法规上的物权意识，还会在心理层面对个体产生一些影响。所有权的态度与感受普遍存在于每一个人身上，人们在孩提时代就产生了物权雏形及对"我的"的理解。这种正式所有权能够促使个体产生心理上的所有权，这种心理上的所有权不仅包括实物归自己所有的感觉，也包括对无形的事物（想法、关系、地位）产生的拥有感，它会影响人们的认识，并影响人们在日常生活中及企业组织中的行为表现和其他体验。

（二）员工持股计划

20世纪末，美国经济学家Louis Kelso认为劳动与资本的结合创造出财富，且随着科学技术的革新，工业革命后，资本这一要素的地位越来越高，Louis Kelso提出的"二元经济理论"也被认为符合经济发展趋势。[1] 然而在经济发展过程中，由于影响财富的因素众多且关系复杂，劳动与资本这两个要素在投入产出比重中逐渐发生变化，导致社会财富逐渐集中到少数人手里。这致使多数劳动者并不能享受到自己创造的价值，无法获得对应的经济利益，社会整体的经济发展水平也难以大幅度提高，社会中存在社会公平与社会分配的矛盾若不能及时化解，将会积重难返，上升为严重的社会问题，甚至会引发社会制度系统的瘫痪与崩溃，造成社会动荡。鉴于此现象及可能导致的不良后果，可根据"二元经济

---

[1] R. Ashford, "Louis Kelso's Binary Economy", *The Journal of Socio-Economics*, Vol. 25, 1996, pp. 1–53.

理论"对财富进行合理分配,分散资本所有权,[①] 特别是对于通过劳动和资本这两种收入来获取经济利益的劳动者,可采取一定方式使员工获得更多的资本来提高经济收益。据此,他提出了"员工持股计划"。

员工持股计划,就是在正常经济社会运行中,为了让员工获取自己劳动应得的收益,使其拥有一定数量的股票来提高自己的资本利益。一些国家的企业为更好的鼓舞员工提升绩效,实施了"员工持股计划"这一激励制度,随之这一制度在全世界得到广泛开展。企业组织管理者及领导希望通过这种方式,可以有效促进企业运行,提高员工的工作绩效,进而提升企业组织绩效。员工持股计划与利润分享配合使用时,对企业生产率产生显著的影响,这源自于员工持股计划可以提高长期的承诺和减少公司业绩成本控制来形成分享利润的氛围,使员工感受到自己是公司的"主人翁"。

(三) 占有心理学

从动物到灵长类动物再到人类,都会在自己所属物或领地上彰显主权,向世界宣告"这是我的地盘",这种占有的体验也是心理所有权的一个重要组成部分。占有感就是指某一事物、某一群体或某一领地、身份、某种想法就是"我的""我自己的"或"我们的"的感受。个体拒绝"我""我们"之外的人试图占有"我们的"东西,不然就会引发恐惧和焦虑,严重的可产生冲突,等等。占有感无处不在,它既可以明确指向客观有形的客体,也可以指向无形的客体。即使目标客体在个体生理自我之外,它也可以被知觉为自我延伸的一部分。即使是无正式归属权的物体,个体也会对其

[①] R. Ashford, "The Binary Economics of Louis Kelso: A Democratic Private Property System for Growth and Justice", *Curing World Poverty: The New Role of Property*, 1994, pp. 351-375.

产生占有感，比如组织内发放的电脑、桌椅等，个体虽无正式所有权，但个体仍会产生"这是我的"的占有心理。

占有心理学是心理所有权产生的理论基础。占有心理学认为个体对潜在目标客体或概念的感知及其情感与个人产生的心理所有权之间存在紧密的联系。当人们对目标物产生拥有感或所有感时，往往会对其形成积极的评价，即心理所有权会激发个体对目标客体产生积极的态度。自我概念指的是人们把有形的或无形的目标物当作自我延伸的一部分，如我的衣服、箱子，我的想法、信念等都是自我的重要组成部分，对这些目标客体产生的心理体验等感受，如同个体对自身的感觉与支配，这从自我角度说明了"我"与"我的"之间的关系，也充分表明了心理所有权与自我概念关系十分紧密。对目标客体的占有心理会激发个体对目标物的责任感，有利于个体保护自己的正式所有权，同时也会提升个体责任感来更好的保护、照顾和提升目标物的价值。

二 心理所有权定义

（一）心理所有权

1. 心理所有权

所有权感受常常通过与物主代词"我的""我的，我们的（东西）"密切相关的意义和情感来表明，心理所有权则是回答了"我感觉什么是我的"的问题。它与正式所有权的区别是，尽管个体并未表明他对目标物所有权的法律约束力，但仍相信并感受到这是他们的。由此，个体还定义了随之产生的权利和责任，而这不是靠法律法规来维系与支持的。

Pierce 等认为心理所有权是个体对目标物的一种认知，即个体认为他拥有目标事物或事物的一部分（即它是我的）。[1] 也有可能是个体先对目标物拥有责任感，从而对目标物产生了心理所有权。心理所有权本质上应是多维结构，包括认知与情感两方面，基于事实与意识产生，既是一种指向目标的态度，又是一种基于现实的想象，它将目标与态度融为一体，将想象与现实有机地结合在一起。心理所有权体现了个体对目标物的关注程度以及对该物体产生的情感体验。心理所有权更强调个体对目标物或所有物的一种感受和体验，从组织层面来说，心理所有权是一种组织感知，它在行为和对事物的理解中产生。即使目标客体在个体生理自我之外，它也能被知觉为自我扩展的一部分。

在探究员工持股计划与工作态度行为之间的关系时发现，员工拥有的正式所有权可能会因其心理体验到的所有权状态而引发态度及行为上的积极表现。由此，借用法学领域中的所有权，提出"心理所有权"一词，并定义为：心理所有权是个体对实质有形或无形的客体产生的所有情感，并且它的表达形式为"我的""我的东西"。[2] 也就是说，当个体存在心理所有权的状态时，个体能够感觉自己与目标客体在心理上紧密联系在一起。

2. 集体心理所有权

随着工作团队管理模式的兴起，通过对团队研究发现，团队所有权的情感存在于每一个成员身上，因而在实现所有权的过程中，个体成员对团队的认知与情感影响着团队的发展。在类似社会现实的观察下，对个体来说，集体所有权是一种与集体相互依存的共享心理状态，这也是一种个体参与集体、与集体共存的所有权情感的

---

[1] J. L. Pierce, S. Rubenfeld, S. Morgan, "Employee Ownership: A Conceptual Model of Process and Effects", *Academy of Mamagement Review*, Vol. 16, 1991, pp. 121–144.

[2] J. L. Pierce, I. Jussila, *Psychological Ownership and the Organizational Context: Theory, Research Evidence, and Application*, Edward Elgar Publishing, 2011, p. 18.

需要，它与个人所有物的需求同样重要。个体既会对特定的客体感受到专属所有权，还会与其他人一起对同一客体产生共享性的所有权情感，例如，这是我们大学的图书馆。因此，心理所有权除了个体层面的还有群体层面的。

集体心理所有权（collective psychological ownership）概念是群体成员集体持有的一种心理体验，将感知到的目标物视为是集体的，是"我们的"。这种集体层面的认知、情感的综合状态成为群体层面的新兴现象，它是社会意义上的结构状态，超越了个人认知、情感局限的群体过程。这一过程包括获取、存储、传播、操纵和信息使用导致的普遍共享的情感，在所有权目标上的知识和信仰，与使用控制目标物相关的个人、群体权利以及保护与所有物相关的责任。

心理所有权是基于西方情景提出的，目前多被看作是个体层面的态度和心理体验，强调个体对所有物产生的专属情感。心理所有权是存在于个体内部的，它依附于可能是法律认可的或是未被规定的目标客体，并且伴随着目标客体的权利和责任是由个体来定义而不是对应的法律体系来定义的，并且个体水平的所有权情感通过占有表现出来。而集体心理所有权不仅涉及个体与目标物的相互作用，而且还涉及群体成员之间的互动和作用，进而产生目标物归集体所有的感觉。

心理所有权其实是一种情感状态，即个体感觉所有权的目标或者所有物的一部分是"我的"的感受。这个定义的界定表明了心理所有权的特征：所有权情感与"我""我的""我们的"这些人称代词和物主代词等相关，心理所有权常用的表达是"我感觉某东西是属于我的"，它表明心理所有权是一种个体与目标物在心理上产生的链接与感受，它的核心是对某个特定目标的占有感受，常依赖于正式所有权而产生。

(二) 心理所有权与相近概念的关系

1. 心理所有权与正式所有权的区别

占有物和所有权都是真实的，正式的所有权与心理层面的所有权虽然存在联系但在许多方面还是有明显差异的。第一，正式所有权也就是法律所有权最先被社会认可和确定，因而正式所有权在法律保护范围之内；第二，虽然法律上规定了个体拥有的正式所有权，但不一定会宣称占有物或财产是他们自己的，一些事物虽然法律上规定是"我的"，但不一定会与"我"产生心理上的联系；第三，心理所有权可以在正式所有权缺失的情况下产生，在企业组织里，办公所用的设备如电脑、器具，虽然正式所有权属于组织的，但员工会对他们产生紧密的情感联系，常会向他人表示"这是我的电脑""这是我的器具"，甚至对无形的企业组织文化氛围也会产生一些情感体验。

2. 心理所有权与正式所有权的联系

心理所有权与正式所有权虽然存在一定的差异，但仍有比较紧密的联系。正式所有权影响心理所有权的发生，这种影响力度会随情境的变化而有所不同；正式所有权可以促进和加速心理所有权的出现。因为在一定程度上，正式所有权赋予个体控制和改造所有物的自由与权利；正式所有权存在缺失，可能只是一种不太稳定的所有权形式的体现，虽然会影响个体对所有物体验的心理感受，但不影响心理所有权的出现。

三 心理所有权的产生根源与形成路径

个人为什么会产生心理所有权呢？心理所有权的产生会满足个人的哪些心理需要呢？如何增强个人的心理所有权呢？

(一) 心理所有权的产生根源

所有权的产生，不仅仅是源于个体的功利主义、享乐主义，也可能源于自我认同等内在需要，或是财产等外在需求方面。所有权能够满足个体的三种需要：个体对事物或空间的控制、对自己所属事物的认同及其激励。同时，能够帮助个体形成我们所称之的"家"，"家"能给个体提供居所，同时让个体体验身体的舒适、愉悦和安全。因此，心理所有权的产生原因归纳为四个方面：效力和效能、自我认同、拥有一个空间、激励。[1]

1. 效力与效能

一个人要占有某个事物，很大一部分原因在于要实现控制事物的目的。[2] 一个人一旦拥有了事物的所有权，就可以按照自身的意愿去对事物进行探索、改变事物所处的环境，既使个体感到有安全感，还能以此来满足自身本能的效能感需求。在组织环境中，员工通常通过对某物体的占有，或通过控制行为来改变所处环境，改善自己的工作状态，肯定自我，既能获得内在的愉悦——成就感，还通过对环境的控制，获得他人的认可与满意，进一步提高自我效能感。

2. 自我认同（Self-identify）

占有物除具有单一独特的工具性功能外，还可作为自我的符号化表达，这是因为个人的占有物与其身份认同紧密联系。心理所有权在很大程度上是建立在自我认同上的。个体在探索和体验环境的过程中，了解客体，传递自我经验，赋予其恰当的自我意义，并内化为自我的一部分。通常员工会展示象征个人价值、品质、态度和社会关系的产品，来凸显自己与组织的关系，还可通过经常表达他们与某所有物的关系的看法体验到心理所有权。

---

[1] J. L. Pierce, T. Kostova, K. T. Dirks, "Toward a Theory of Psychological Ownership in Organizations", *Academy of Management Review*, Vol. 26, 2001, pp. 298 – 310.

[2] S. Isaacs, "Social Development in Young Children", *British Journal of Educational Psychology*, Vol. 3, 2011, pp. 291 – 294.

3. 拥有一个空间

个体有一种领地归属的本能需要,这种领地需要本质上是一种心理表达。个体会对那些已经进行过感情投资的占有物产生家的感觉。①"家"是领地的核心,它既强调生存的方式,又强调心理感受,更体现出存在的意义。实际上,家是由个体所处环境、环境的个性化与个体之间的相互作用形成的,并逐渐成为自我的一部分。家是一种可能根植于人们内心需求的心理现象。这种内在的生存需要,是促使人们去获得或捍卫自己的独有财产的重要驱力。因此,在组织中,员工会对占有物产生强烈的认同感,能够从心理上依附工作或具体的物体,并在工作过程中,认为组织是可以信赖、安全的地方,会把它当作自己的地方和家,并倾注大量的心血来维护、建设"自己的家"。

4. 激励

个体体验到心理所有权的物体承载了过去生活的痕迹与记忆,既能让个体感受愉快、舒适,还成为个体获得激励的源泉。因此,个体会受到激励作用,但这种状态通常不能持续,且随着时间的推移而减弱。为了达到这种生理或心理激励的作用,人们通常会接受他们现在拥有的,同时并不放弃追求新颖的东西。在组织环境中,通过给员工提供展示自我的机会、鼓励员工接受挑战性工作等方式来使员工对组织产生归属与安全、认同等家的感觉,能够激励员工发现和提高自己的潜能,不断提升并实现自己的价值,增强心理所有权。

(二)心理所有权的形成路径

通过对心理所有权产生根源的分析,可以假定心理所有权现象

---

① J. D. Porteous, "Home: The Territorial Core", *Geographical Review*, Vol. 66, 1976, pp. 383-390.

根源于人类的一系列动机，而且，只要目标物能够满足这些动机就为心理所有权的产生提供了可能性。但是这些动机的满足并不直接导致心理所有权的产生，导致心理所有权产生的问题实际上就是心理所有权实现途径的问题，心理所有权可以通过以下三种途径来实现对目标物的控制、对目标物的亲密了解、对目标物的自我投入。简而言之，心理所有权有三条产生路径：对目标物的控制、亲密了解和个人投入。[1]

对目标物的控制。控制是所有权情感——占有感产生的关键性决定因素，[2] 更是所有权产生的基础。想要实现对目标物的控制，一个最关键的途径是"使用"。因此，那些经常被员工使用的客体，比如电脑、仪器用具等，会被其认为是"自己"的，并被习惯性地纳入自我的圈子。

亲密了解。心理所有权反映的是个体与所有物之间的亲密关系或心理接近程度，个体通常会依据自己与客体的熟悉程度而在情感上将其知觉为自己的。因此，在组织中，当员工对企业、工作了解越多，越容易产生亲密感，员工与企业、工作间的关系也就越深，"所有"的感觉也就越强烈。

个人投入。无论是工作还是成就成果，和思想、情感一样都是自我的表征，个人对某个物体的投入，会使该物体成为自我的一部分。自我对目标的投入是所有权感受产生的重要途径。当员工对工作投入时间、热情、精力等资源时，他们会认为自己创造出来的成果是"自己"的。

---

[1] J. L. Pierce, T. Kostova, K. T. Dirks, "Toward a Theory of Psychological Ownership in Organizations", *Academy of Management Review*, Vol. 26, 2001, pp. 298 - 310.

[2] Ernst Prelinger, "Extension and Structure of The Self", *The Journal of Psychology*, Vol. 47, 1959, pp. 13 - 23.

第二节 心理所有权的结构与测量

随着心理所有权概念的发展，关于心理所有权的研究越来越多，但多以理论研究为主，而实证研究较少。虽然心理所有权的测量也随着该领域的深入研究而不断发展，却仍缺乏普适性的心理所有权量表，相关的权威量表也较少。接下来的内容将从心理所有权量表的使用与发展进行梳理和回顾。

一 心理所有权量表的结构与维度

（一）单维结构

心理所有权的概念强调心理所有权是个体对有形或无形的客体产生的拥有感，通常可通过占有性词汇来表达该拥有感。早期的心理所有权量表是根据"占有"这一要点进行编制的，它强调占有是心理所有权的一种态度倾向，它是指个体与其财产、所有物之间形成的情感联系的强烈感受。

Van Dyne 和 Pierce 最早对心理所有权进行测量，认为个体的态度能够反映出个体的所有权感受，因此强调占有是心理所有权态度测量的基础，故选择用"占有词汇"，如"他们是我们的孩子""这是我的电脑""这个想法是我的"。[①] 后又将 7 个条目的量表调整为 4 个，仍旧强调"占有"这一核心概念。

随着管理和组织科学的兴起，有学者开始探究心理所有权在组织关系中扮演的角色。通过组织中心理所有权产生的具体方法来测

[①] L. Van Dyne, J. L. Pierce, "Psychological Ownership and Feelings of Possession: Three Field Studies Predicting Employee Attitudes and Organizational Citizenship Behavior", *Journal of Organizational Behavior*, Vol. 25, 2004, pp. 439 – 459.

验心理所有权，因此提出了工作/作业所有权。[1] 该概念仍是以占有为核心，强调占有在具体工作中的功效。

Barki 等从临床信息技术角度出发，提出服务于具体实践的心理所有权："心理所有权是信息技术的实施与接受之间的重要桥梁（即感知有用性、感知易用性和系统使用）。"[2] 根据对信息技术心理所有权的定义及其实践的具体内容，选择占有性词汇以反映与信息技术的联系，最终实现反映"临床信息系统"这一所有权目标的目的。

（二）双维结构

Parker 等认为在当前环境下，员工应采取以客户为中心的战略定位去工作，还应对工作充满责任感，而非仅仅完成即时的操作任务。这种角色定位定义为生产所有权。[3] 生产所有权与心理所有权即员工对于工作问题和目标的"占有感"或责任感的程度有关。

家庭的动力作用可引申为地盘，地盘性可以作为心理所有权的一个行为结果，地盘性可能是在领地领域中最终可能引发个体对领地的所有权。在此基础上，Avey 等认为地盘性和问责性应该是心理所有权的附加功能。[4] 并结合个体在面对领地可能被侵犯时的不同反应方式，将心理所有权分为防御性心理所有权和促进性心理所有权，并划分为 5 个维度：责任感、自我认同、自我效能（信念）、

---

[1] G. Brown, J. L. Pierce, C. Crossley, "Toward an Understanding of The Development of Ownership Feelings", *Journal of Organizational Behavior*, Vol. 25, 2014, pp. 318–338.

[2] H. Barki, G. Paré, C. Sicotte, "Linking IT Implementation and Acceptance Via the Construct of Psychological Ownership of Information Technology", *Journal of Information Technology*, Vol. 23, 2008, pp. 269–280.

[3] S. K. Parker, T. D. Wall, P. R. Jackson, "That's Not My Job: Developing Flexible Employee Work Orientations", *Academy of Management Journal*, Vol. 40, 1997, pp. 899–929.

[4] J. B. Avey, B. J. Avolio, C. D. Crossley, et al., "Psychological Ownership: Theoretical Extensions, Measurement and Relation to Work Outcomes", *Journal of Organizational Behavior*, Vol. 30, 2009, pp. 173–191.

归属感和地盘性，其中前四个构成促进性心理所有权，地盘性为防御性心理所有权。

Ikävalko 等调查了小型企业所有者—管理者的所有权概况及其与心理所有权的关系，并将心理所有权的研究从"我的"社会和物质场所上，扩大到公司"以外的世界"情境中。并再提出一个情境模型假设：通过增加主体、客体及其关系的数量或强度，可将基本的主客体模型转化为（心理）所有权。将心理所有权分为 6 个要素，[①] 并区分了三种"心理所有权维度"：社会维度、行动维度和对象维度。上述六个要素与心理所有权维度的关联如下：公司内外的社会地位——社会维度；个人自由和关照——行动维度；实现公司外目标的工具和自我延伸——对象维度。这些维度与要求也是基于个人所有权情感，强调所有权的情感体验。

二 心理所有权量表的测量

由于心理所有权的概念与结构还在继续探究中，因此有关心理所有权的测量也随之进入百花齐放的发展阶段。目前得到广泛应用的心理所有权量表是 Pierce 等在 2004 年编写的量表，其他普适性量表较少。考虑到本书的需要，在此仅列举一些应用较为广泛或是有可能进一步应用价值的量表。

考虑到心理所有权应用的范围，Pierce 等用人们在日常交际中经常使用的词汇编制量表，最终形成 7 个题项的单维量表（见表 4—1），其中第六项为反向计分。后续修订的量表只保留了前四道题。这两个量表信效度良好，均可作为心理所有权的有效测量工具。

[①] Markku Ikävalko, Timo Pihkala, Liro Jussila, "A Family Dimension of SME Owner-managers' Ownership Profiles – A Psychological Ownership Perspective", *Electronic Journal of Family Business Studies*, Vol. 1, 2008, pp. 2–25.

表 4—1　　　　　　　Pierce 等心理所有权量表

序号	题项
1	这是我的组织
2	我感觉这个组织是我们的
3	在这个组织里，我感受到较强的拥有感
4	我把公司当成是自己的
5	这是我们的公司
6	我很难把这个公司当成是自己的
7	大多数人为组织工作时感觉他们好似拥有这个公司

Brown 等编制了 6 个题项的工作/作业所有权量表，采用 Likert 7 点计分方式（见表 4—2）。该量表单维结构，具有较好的稳定性和效度指标，能够适用于探究心理所有权。

表 4—2　　　　　　　Brown 等心理所有权量表

序号	题项
1	我觉得这份工作是我的
2	我对于完成这份工作有很高的成就感
3	我觉得这是我的工作
4	我觉得我职责范围内的事情就是我的事情
5	我对完成自己分内的事情有很高的成就感
6	公司的事情就是我的事情

Parker 等根据他们对生产所有权的理解，编制了相应的测量工具。[①] 实际操作中，生产所有权测量的是人们认为自身"拥有"的生产问题的范围。该量表包括 3 个维度，共 9 个题项，均采用 Lik-

---

① S. K. Parker, T. D. Wall, P. R. Jackson, "That's Not My Job: Developing Flexible Employee Work Orientations", *Academy of Management Journal*, Vol. 40, 1997, pp. 899–929.

ert 5 点计分方式，具体项目见表4—3。

表4—3　　　　　　　　Parker 等心理所有权量表

维度	题项
目标成就	1. 您负责的产品订单一再未能按时完成
	2. 您所负责产品的客户对所收到的产品不满意
	3. 您公司产品的质量不尽如人意
运营效率低下	4. 您工作领域内有许多未完成的工作
	5. 您工作领域内有许多已完成的工作
	6. 按照您的工作方法意味着大量返工
凝聚力和团队协作	7. 您工作领域内的其他人并没有发挥自身作用
	8. 您工作领域内的人员未相互协调工作
	9. 您的工作领域内缺乏训练有素的人员

Avey 等编制了两类五维的心理所有权量表，维度分别是地盘性、自我效能、问责性、归属感、自我认同，其中地盘性为防御性心理所有权。该量表均采用 Likert 6 点计分方式，具体条目见表4—4。

陈浩在中国特殊的文化背景下对该心理所有权量表进行了修订，[①] 研究结果表明，基于中国文化背景下的员工感受到的心理所有权并未支持两类五维度结构，而是表现为两类四维度结构（分别是促进性心理所有权与防御性心理所有权，前者包括自我效能、责任、身份归属三个维度，后者是防御维度）。出现这一原因可能是基于中国的集体主义文化及关系取向背景，归属感与认同感可归为同一维度。

---

① 陈浩：《心理所有权如何影响员工组织公民行为——组织认同与组织承诺作用的比较》，《商业经济与管理》2011 年第 7 期。

表 4—4　　　　　　　　　Avey 等心理所有权量表

维度	题项
地盘性	1. 我觉得我有必要保护我的想法，以防被同事盗用
	2. 我觉得与我一起工作的同事不应该侵犯我的工作空间
	3. 我觉得有必要保护自己的物品，以防被同事占用
	4. 我觉得有必要防止同事从我的项目中分到不该分的利益
自我效能感	5. 我有信心为我的组织的成功做出贡献
	6. 我相信我能在这个组织中发挥积极的作用
	7. 在组织中，我有信心制定高绩效指标
问责性	8. 如果我认为某件事情做错了，不论他是谁，我都会向其提出质疑
	9. 如果我看到某些事做错了，我会毫不犹豫地告诉我的组织
	10. 我会质询组织的发展方向以确保它的正确
归属感	11. 我觉得我属于这个组织
	12. 对我而言，组织就是家
	13. 我非常适合在这个组织中工作
自我认同	14. 我觉得组织的成功就是我的成功
	15. 我觉得作为组织的一员让我更清楚地认识自己
	16. 当组织受到批评时，我觉得有必要为它辩护

总之，虽然大多数学者常用 Pierce 等开发的单维度量表，但在解释时却倾向于考虑心理所有权的多维度特点。由于心理所有权的多维结构并未统一，测量方式也多种多样，目前也无比较恰当的多维量表，且经过汇总梳理后发现，多维量表的编制多以 Pierce 等的心理所有权的操作性定义或量表条目为基础进行改编，未脱离占有这个基础。故本书引用的仍是 Pierce 等编制的单维度的心理所有权量表。

第三节 心理所有权的相关研究

一 心理所有权与态度变量间的关系

一些与工作相关的态度变量与心理所有权之间有密切的联系。

(一) 工作满意度

一般人们对自己的所有物往往会做出积极有利的评价，特别是与那些相似但无主的物体相比，自己的所有物更易被评定是有用的。员工对工作做出的这种积极有益的评价即为工作满意度。在组织中，员工对组织精神文化、制度、设备等所产生的心理感受或情绪体验，与员工对工作的积极评价具有正相关关系。个体将自己的工作、成果评定为自己的心理感受，更易肯定自己的工作，找到自己的价值，有利于员工明确自己的作用，感受到安全感与归属感。

(二) 工作疏离

工作疏离，主要关注的是包含理解、控制、意义在内的一种状态，而这与心理所有权的感受截然不同，甚至相反。工作疏离与组织心理所有权、工作心理所有权存在负向影响。特别是当工作疏离进一步加剧，会在一定程度上转变成工作倦怠、离职意愿等态度变量。组织心理所有权与工作懈怠呈负相关，心理所有权水平高的员工离职倾向低。心理所有权水平低的人工作态度偏消极，留职意愿不高。[1] 员工感受到的心理所有权与离职意向存在负相关关系。

(三) 组织承诺

研究发现心理所有权与情感承诺、规范承诺存在正相关关系，

---

[1] 刘正安：《心理所有权、工作态度对离职倾向的影响研究》，《顺德职业技术学院学报》2015 年第 13 卷第 4 期。

而与持续承诺不相关,这意味着心理所有权加强了组织成员对组织的认同和义务,心理所有权能够提升组织成员对组织的承诺,让员工更愿意保留组织成员身份,心理所有权与员工的组织承诺存在显著的正相关关系,产生利他行为、组织公民行为、管家行为等积极的行为后果。员工在组织中的归属感有利于激发员工的工作积极性,提高工作绩效和组织绩效。提高员工的归属感不但能提高组织的绩效,而且对组织转型发展、提升组织竞争力有着重要意义,从而促进组织更好的发展。

二 心理所有权与其行为变量的关系

(一) 角色内行为

角色内行为是指员工完成自己职责范围内的工作行为,通俗来说,就是"在其位谋其政",做好"分内之事"表明了角色内的职责要求,员工在组织内,首先要完成自己的本职工作,相应地,伴随工作完成的状态与效率也是需要考虑的重要方面。

心理所有权水平的高低会使员工的心态产生不同的变化,心理所有权水平越高,即当员工作为组织成员认为组织是"自己的"所有的东西的一部分时,员工越容易表现出显著的任务绩效和关系绩效。员工对自己工作职责内容缺乏深入的了解,掌控感降低,进而导致员工的心理所有权水平降低甚至丧失,难以对组织产生依恋,进而个体的投入相对较少,导致员工绩效大幅下降。

在组织内,优秀的组织文化和价值观也深深地影响着员工的组织心理所有权,有利于员工感受到组织由内而外传递的使命感和积极向上的组织形象,有利于员工加深对组织的认同,并愿意以更饱满的热情与激情投入到工作中,提高工作绩效。组织公平水平较高,员工在其中体验到较强的心理所有权,对工作和生活有相对积极的心态,更容易用心投入自己的工作为企业创造价值,从而产生较高的工作绩效。

(二) 角色外行为

心理所有权不仅对员工的组织行为即角色内行为有影响,而且对角色外行为也有正向影响。角色外行为属于员工的自主行为,心理所有权对员工角色外行为的进一步影响主要体现出它对提升员工主动性的价值上,更能体现员工对企业的主人翁精神。心理所有权与角色外行为存在正相关关系。Pierce 等的研究则再次证实了心理所有权与员工组织公民行为存在正相关关系,[1] 在控制了工作满意度、组织承诺等变量之后,心理所有权对员工组织公民行为的变异显著增加,即心理所有权对组织公民行为存在额外的解释力。这表明心理所有权对组织公民行为的预测能力较强。

心理所有权与组织公民行为在行为水平上显著正相关。组织心理所有权对工作卷入度、组织公民行为、感情承诺具有非常显著的预测作用,[2] 也就是说组织心理所有权程度越高,工作卷入度、感情承诺越高,组织公民行为也就越明显。员工感受到高水平的心理授权会产生较强的心理所有权,这有利于促使其表现出组织公民行为。心理所有权在一定程度上能够促进组织公民行为的产生,对组织构建和谐工作环境、营造良好工作氛围有积极的影响。

心理所有权激发员工的集体责任感,促使员工自愿积极的努力工作,愿意分享、交流自己的知识技能,形成良性互动,使公司具有较高的经营绩效。研究发现心理所有权与员工知识共享行为呈正相关。[3]

---

[1] J. L. Pierce, T. Kostova, K. T. Dirks, "Toward a Theory of Psychological Ownership in Organizations", *Academy of Management Review*, Vol. 26, 2001, pp. 298 – 310.

[2] 王沛、陈淑娟:《组织心理所有权与工作态度和工作行为的关系》,《心理科学进展》2005 年第 13 期。

[3] 杨齐:《心理所有权与员工知识共享:组织承诺的中介作用》,《图书馆理论与实践》2014 年第 10 期。

员工对组织产生的心理所有权，使员工感受到较强的组织支持感，使员工自愿加大对组织的投入，更易向组织建言并敢于为建言行为承担责任。变革型领导和组织心理所有权有利于下属的建言行为，员工心理所有权对建言行为有积极的促进作用。具有较强心理所有权的员工确实更容易做出建言行为。

心理所有权强的员工倾向于采用高效的方式完成工作，有利于激发员工的创新行为。心理所有权与创新行为之间存在显著的正相关，组织心理所有权、工作心理所有权与员工创新工作行为成正相关。[1] 员工在组织中感知到的心理所有权越强，把公司当成自己的，员工会充分发挥"主人翁"意识，更积极地进行创新行为，推动组织发展。

三 小结

（一）对比类似的研究，确定深层次的原因

心理所有权对企业组织变量的影响作用并不一致。在某些研究中发现心理所有权与组织绩效的作用显著，其他的研究则显示出心理所有权对组织绩效的影响还因不同的工作单位、不同的工作岗位或工作环节而有所不同，而另外一些研究则表明两者之间毫无关系。目前并无合适的理论来解释这一现象。因此，有必要将心理所有权的研究拓展到不同的工作岗位，进行大样本调查，考察这些目标产生的心理所有权对工作态度和工作绩效的影响，并分析确定出现不一致结果的深层次原因。

（二）深度挖掘心理所有权的影响

心理所有权不但会对组织和员工产生正向积极的影响，也会产

---

[1] 陈浩、惠青山：《社会交换视角下的员工创新工作行为——心理所有权的中介作用》，《当代财经》2012 年第 6 期。

生负面消极的影响。关注心理所有权的正向效应的研究较多，但关于心理所有权的负向效应影响的研究较少。心理所有权研究较多关注的是行为层面的变量，较少考虑到个体的态度变量，心理所有权与态度变量之间较为复杂的关系的研究相对较少。有关心理所有权与行为层面的变量的研究较多集中在组织公民行为，较少考虑员工的角色内行为，心理所有权与责任行为等角色内行为之间的实证研究还比较匮乏。研究组织公民行为中，较多偏向创新行为，共享行为等角色外行为，但在心理所有权与建言行为这一角色外行为的研究相对较少，与其他层面的变量如领导层面的领导风格，个体层面或文化背景层面的权利距离的研究相对比较匮乏，很有必要研究这些变量之间的关系，全面了解心理所有权与其他变量之间的作用机制，发现规律，并为企业发展提供建议和意见。

（三）深入探究心理所有权与组织变量的动态关系

组织发展是动态过程，多数研究只截取了部分进行分析，不能完全展现心理所有权的过程变化，也不能准确了解在这个过程中，组织成员的认同、承诺以及心理所有权的变化与工作绩效、工作投入、员工建言等工作行为之间的变化关系及趋势。未来研究中可以跟踪观察，完整地记录组织创新的过程，有利于更好地了解领导行为特别是服务型领导所起的推动作用，还有利于探明心理所有权和员工的工作行为表现之间的变化关系。

第五章

权力距离

第一节 权力距离的内涵

中国正处于剧烈的社会转型期，随着新时代中国特色社会主义政治体制和市场经济体制改革的不断深入，人们的价值体系和行为方式也随之发生改变。这一时期，人们对权力不再过分敬畏，内心渐趋于追求公正平等，在行为上敢于挑战权威，这就迫使领导的行为发生潜移默化的改变。受传统思想的熏陶所形成的对权力的感知与理解，既直接影响自己在组织中的表现，也会通过互动或其他潜在的方式影响领导行为，甚至是促使领导转变领导方式的重要影响因素之一。虽然目前的研究多集中探讨领导者的工作作风和行为与领导有效性的关系及其在个体与组织层面的影响因素，但有关社会文化与领导行为相互关系的专题研究尚不多见。权力距离作为文化价值观的重要方面，其重要性不言而喻。

人们对权力的认知即权力距离起源于社会文化的差异研究，最早的研究可追溯到20世纪60年代荷兰心理学家Hofstede创立的跨文化理论。[1] Hofstede创立的跨文化理论得到国际学术界的高度评

---

[1] G. H. Hofstede, *Culture's Consequences: International Differences in Work-Related Values*, London: Sage Publications, 1984, p. 80.

价,被誉为跨文化领域最重要的研究,具有里程碑式的指导意义。权力距离作为文化领域中的重要理论概念,也备受关注。之后,荷兰心理学家 Mulder 认为权力距离可以描述上下级之间的关系,他将权力距离定义为是"拥有较少权力的个人和拥有较多权力的他人之间权力分配不均的程度"。[①] 虽然这一定义指出了权力距离是一种权力分配不均的程度,但这种现状通常与人们的认识紧密相连,因此更强调上下级之间的情感距离。后续学者则明确指出权力距离不仅是指人们对组织中权力不平等分配的认识,还包括对上下级之间拥有不同等级权力这一情况的接受程度。之后,权力距离一词不仅表达权力分配的不平等程度,更加强调处于这种不平等分配中人的感受,强调处于不同权力等级的人对这种不平等分配的接受程度。

1980 年,Hofstede 调查了 IBM 公司来自 66 个国家的 117 000 名员工的工作价值,并以此为基础撰写了《文化的结局》(*Culture's Consequences*)一书。通过对 10 余万员工的调研,他发现了文化价值的 5 个重要维度:其中,个人主义和男性气质 2 个维度来源于因子分析;权力距离和不确定性规避 2 个维度来源于理论构思;随后,Hofstede 基于中国的儒家思想,又发展了第 5 个维度——长期导向,最终将文化分为五个不同的维度,分别为:权力距离、不确定性规避、长期/短期导向、个人主义/集体主义和男性/女性主义。权力距离指数可以用来衡量不同国家文化的差异。根据权力距离的大小状况,权力距离可划分为高权力距离和低权力距离。这一理论被跨文化研究的学者广为引用。

Hofstede 的理论很快成为文化研究的主要文献资料,他的著作也被翻译成多国文字广为传播,在全球产生了重大影响。"权力距

---

① M. Mulder, *International Series on the Quality of Working Life*: *VI. The Daily Power Game*, Oxford, England: Martinus Nijhoff, 1977, p. 16.

离"是指一个国家的社会群体或组织机构内（如家庭）拥有较少权力的成员即弱势成员对权力分配不均的可接受程度和期望度。这一定义以基于组织中权力地位较低的人员的价值观为基础，反映了弱势成员权力需求的不满足状态。实际的权力分配通常是由强势成员即领导者的行为来实现。

权力距离是人类社会中人与人之间的关系在意识形态中的反映，学者们研究它的主要目的是表达描述和测量社会的不平等程度以及社会中人们之间的相互依赖关系。虽然，学术界对权力距离一词的解释各不相同，但是仍然以 Hofstede 的研究最为系统，影响也最为深远。

在高权力距离文化中，组织成员对于独裁、权力和财富的分配不公易于接受和容忍，容易形成等级制、集权化的组织结构；在低权力距离文化中，组织成员则崇尚公平与民主，重视专家或合法的权力，其组织结构一般比较扁平。高权力距离的组织环境强调组织的基础是权力，强调领导者拥有特权，[1] 通过不断集权扩大权力，而组织体制的变化只可以通过罢免领导者来完成，出现"一朝天子一朝臣"的情况。而低权力距离的组织则强调组织中各个成员的权力同等，特别是领导者认为成员和自己地位同等，只是职能不同，而组织制度的变化可以通过重新分配权力来完成，领导与成员之间的关系本质上是和谐的，特别是信任度高的弱势群体间倾向于合作。对比权力距离的描述，外国文献中的权力距离并无法完全描述我国的上下级之间的关系。根据 Hofstede 的研究，我国权力距离指数为 80，属于高权力距离国家，[2] 在某些方面如下级对上级的服

---

[1] 焦石文：《中国权力结构转型的哲学研究》，中国社会科学出版社 2015 年版，第 116 页。
[2] G. H. Hofstede, *Culture's Consequences: International Differences in Work-Related Values*, London: Sage Publications, 1984, p. 92.

从，确实能够说明我国社会的某些现状。但是，长久以来我国国民保持着儒家学术的道德训诫，上级应该关怀、帮助下级。上下级这种复杂的情感关系，使 Hofstede 的权力距离一词很难完全移植到中国的环境中，用以描述中国上下级之间的关系。因此，在引用"权力距离"一词进行研究时，应该重视中国本土文化尤其是儒家文化对中国上下级权力关系的影响。

第二节　权力距离的维度与测量

一　权力距离的维度划分

权力距离作为一种思维方式、一种价值观是无法被直接观察到的，而是通过对一系列问题的看法所反映出来的。这些问题主要包括在工作场所的权力配置，如决策参与、职权的运用、授权、正式沟通的方法和有效性、工资差距、监管方式等。这一类问题反映出的权力距离可定义为职能距离。另外，还包括在工作场所之外的非正式接触、员工关怀等。此外，除物质奖励外的精神鼓励对员工的激励程度，也可以反映员工下属对上级管理者的精神依赖程度。对这一类型问题的看法反映出的权力距离可以称为情感距离。虽然精神激励很多情况下也是在工作场所中发生，但是对精神激励的依赖反映的是员工对上级的情感依赖程度，因此将其归为情感距离。

（一）职能距离

职能距离主要反映的是员工在工作场所内职位权力分配不平等的接受和期望程度，反映员工在职能上对管理者的依赖。主要体现在决策参与、监督与控制、遵从与授权、责任承担等方面。

决策参与维度主要描述员工对决策权分配不平等接受程度。反映员工对管理决策过程，尤其是有关员工自身的决策制定过程的期望参与度。

监督与控制维度反映的是员工对管理者的监督方式、控制方式的期望。用来描述员工对组织中监督控制权分配不平等的接受程度以及员工期望管理者用什么样的方式对目标达成过程中员工的行为和绩效进行监督和控制。

遵从与授权则是反映员工对强制权力分配的期望。描述当管理者采用强制或命令的方式指导员工行为时，员工选择遵从的概率和程度。同时也反映员工是否希望被分配以重要任务。

为了更清楚反映员工的真实想法，有研究者用"责任承担"这一维度来反映员工对权力相对应的责任的感知和认识。比如，员工对额外工作任务的承担意愿以及当任务失败时是否愿意承担责任等。

（二）情感距离

在高权力距离的组织中，上下级的关系通常带有感情色彩，下属对待上级的感情差异很大，有的人可能极度崇拜，有的人可能极端鄙视。在跨文化比较中，中国属于高权力距离的社会，因此中国的员工对上级的感情更为复杂，上下级之间的关系往往延伸到生活中，甚至会在代际间进行传播。比如中国人讲究"一日为师，终身为父"，曾经的领导即使不在工作岗位了，仍然还是"老领导"。而中国员工作为跨文化研究中高权力距离的代表，对于"领导"的感情往往是非常复杂的。一方面在工作场所希望与领导保持距离，以服从为主。另一方面在生活中、情感上对于领导也非常依赖。但低权力距离的人往往相反，在工作中力求追求平等地位，在生活中更是平等相待。

二　权力距离的测量

目前，得到学术界认可且使用较为频繁的关于权力距离的测量

工具有以下几个:

(1) 由 Zhang、Winterich 和 Mittal 整理的 Hofstede 的研究量表,[1] 共有 8 个题项(见表 5—1)。

表 5—1　　　　　Zhang、Winterich 和 Mittal 权力距离感量表

编号	题项
1.	作为公民,我们应该认为顺从是很重要的
2.	如果一位上司能向他的下属解释他做决定的原因,同时回答下属可能存在的疑问,那么与这样的上司一起工作是让人高兴的
3.	如果员工有不同的意见观点,应该鼓励他们向领导反映
4.	我喜欢与这样的上司一起工作,即他希望下属忠实地执行他的决定,并且不会对他的决定提出任何质疑
5.	在有关工作的事情上,上司有权利希望他们的下属服从他
6.	员工应该非常尊重他们的领导
7.	我喜欢与这样的上司一起工作,即他在做出决定之前总是会先征询一下他的下属的意见
8.	与老板的意见不一致,将会提高工作效率

(2) 由 Dorfman 与 Howell 合作编制的个体权力距离感量表。[2] 借以考察个体的权力距离导向,量表共有 6 个测量题项,研究报告的信度系数为 0.70(见表 5—2)。

---

[1] Y. Zhang, K. P. Winterich, V. Mittal, "Power-Distance Belief and Impulsive Buying", *Journal of Marketing Research*, Vol. 47, 2009, pp. 945–954.

[2] P. W. Dorfman, J. P. Howell, "Dimensions of National Culture and Effective Leadership Patterns: Hofstede Revisited", *Advances in International Comparative Management*, Vol. 10, 1988, pp. 127–150.

表 5—2　　　　　　Dorfman 和 Howell 权力距离感量表

编号	题项
1.	领导做决策时不需要征询我的意见
2.	领导应该拥有一些特权
3.	领导不应该和员工过多交换意见
4.	领导应当避免与下属有工作之外的交往
5.	下属不应该反对上级的决定
6.	上级不应该把重要的事情授权给下属去解决

（3）由 Early 和 Erez 编制的个体权力距离感量表。[①] 考察个体对权力分配不均等的接受程度，总计有 8 个测量题项，研究报告的信度系数为 0.71。

从整体使用情况来看，以上 3 个量表中，由 Hofstede 编制的跨文化权力距离量表和 Dorfman、Howell 编制的个体自陈式权力距离量表使用最为普遍。

第三节　权力距离的相关研究

总体来讲，权力距离的研究从提出到发展至今，经历了三个阶段。第一个是国家和民族层面，被广泛用于跨文化研究领域，用于描述不同国家民族文化背景下民众对于权力关系的价值观。第二个是组织层面，用于描述组织中上下级之间的关系，用于研究组织中的权力分配不平等对组织管理的影响。第三个是个体层面阶段，研究者重视组织中个体对权力分配不平等的可接受程度，由个体的权

---

① P. C. Early, M. Erez, "Comparative Analysis of Goal – Setting Stategies Across Cultures", *Journal of Applied Psychology*, Vol. 72, 1997, pp. 658–665.

力距离推及个体对管理行为的认同，从而推动对企业管理的影响。权力距离研究所经历的这三个阶段并不是完全割裂的，而是互相包含一脉相承的。因为国家和民族是由社会组织构成的，而社会组织是由众多个体组成的。国家民族的文化和组织的文化，最终仍然回归到对个体价值观的研究及综合。

一　国家民族层面

权力距离一词的最先提出是从社会整体的角度出发，用于描述某个民族或国家对权力关系的价值观。在国家民族层面的权力距离的研究主要集中在跨文化研究领域，主要研究内容涉及概念界定、影响权力距离的因素、权力距离的表现形式和权力距离对国民行为的影响等方面。

权力距离指数（Power Distance Index，PDI）主要用于描绘人们对权力分配不平等的认可程度，PDI 数值越高，意味着该国家或地区对权力不平等的接受程度也越高。依据权力距离指数的不同，Hofstede 把日本、巴基斯坦等国归为高权力距离主义国家，把美国、澳大利亚等国归为低权力距离主义国家。高权力距离国家中的组织员工具有较高的内敛性和顺服性，对于权力和财富的分配不公也具有较高的包容度；低权力距离国家中的组织员工则追寻公平性与民主性，强调对自身权益的表达和维护。

影响不同国家民族间权力距离指数的因素主要有：（1）地理纬度。研究表明地理纬度和权力距离之间呈现明显的负相关关系，纬度越高如挪威、芬兰等国权力距离指数较低，纬度越低如马来西亚等国权力距离指数反而越高。（2）人口规模。人口众多的国家，人们距离权力中心较远，习惯于一种更疏远、更不易接近的权力关系。而人口较少的国家，人与人之间的接触较少，每个人有自己的独立圈子，因此更倾向于自己做主，从而形成较低的权力距离。

（3）国家财富。国民富裕程度越高，权力距离指数越小；国民越贫穷，权力距离指数越高。

权力距离存在于我国和其他各国的民族价值观中。可以广泛解释不同民族间对权力关系的不同认识，而这种认识不同，也导致了不同民族间行为的不同。彭迈克对 23 个国家的学生的价值观进行调查，以此来研究华人的价值观。[1] 最后得出道德训诫这一维度，对研究我国本土化的权力距离具有非常大的借鉴意义。统计分析结果表明，道德训诫与权力距离显著相关。高权力距离国家的学生认为寡欲、中庸、清高三个方面特别重要，而低权力距离国家则重视适应和慎行。在不同权力距离的国家中，个体对决策制定的参与程度也会有所不同。低权力距离的国家重视人员平等，因此决策制定也多采用全员参与的方式。在员工关系建立方面，低权力距离国家的个体更多地会通过成员的相互学习来建立关系，而高权力距离国家的个体更多地会选择通过个体间私下的物质利益交换来建立关系。[2]

交流方式的选择上，高权力距离国家的公民更喜欢用正式的沟通方式，而低权力距离的公民会更容易接受 E-mail 等非正式的沟通方式。从国家文化的视角研究员工信任的形成模式，低权力距离文化的个体在信任的形成中更偏好双方互动的模式，而高权力距离文化中的个体更多地会选择计量型的结果导向模式。Vegt 等发现国家权力距离在人口多样性与员工创新行为的关系中起到调节的作用。在高权力距离国家人口多样性是不利于员工创新的，而在低权力距

---

[1] ［英］彭迈克：《中国人的心理》，邹海燕译，新华出版社 1990 年版。

[2] D. A. Eylon, K. Y. Au, "Exploring Empowerment Cross-Cultural Differences along the Power Distance Dimension", *International Journal of Intercultural Relations*, Vol. 23, 1999, pp. 373–385.

离国家人口多样性有利于员工的创新。[1] Varela等的研究发现，高权力距离国家的个体在反馈时倾向于歪曲信息，而低权力距离国家的个体却不存在这种情况。[2]

员工建言在一定程度上可理解为员工在组织内表达自身观点、争取和维护自身利益的机会，它与员工的程序公平认知有着直接相关的关系。在跨文化的研究中，国家权力距离将会调节员工建言与程序公平认知间的关系。高权力距离文化中的个体比低权力距离文化中的个体更少受建言机会的影响，员工建言与程序公平认知间的关系也更为弱小。相反低权力距离文化中的个体则希望权威能与他们分享权力，并希望在领导决策的过程中他们有机会来表达自己的意见和观点。另外，高权力距离文化中的个体一般认为他们的意见不会受到领导的重视，因此他们有没有建言的机会对他们自身意义并不大，并不会过多影响他们对程序公平的认知。

二　组织层面

在对国家和民族的权力距离的研究中就包含了对组织权力距离的思考。甚至，有学者将权力距离一词进行定义时，将国家和民族看作是一种特殊的组织。因此，在组织层面上对权力距离一词的定义并未表现出明显差异，仍然借用之前的定义。只是更加注重从个体的角度去考量这一价值观，从个体的角度出发进行权力距离指数的研究并推及组织行为及绩效的影响。

员工权力距离导向与员工的程序公平认知正相关，并且员工权

---

[1] V. D. Vegt, V. E. Viert, X. Huang, "Location-Level Links between Diversity and Innovative Climate Depend on National Power Distance", *The Academy of Management Journal*, Vol. 48, 2005, pp. 1171–1182.

[2] O. E. Varela, E. L. Salgado, M. V. Lasio, "The Meaning of Job Performance in Collectivistic and High Power Distance Cultures: Evidence from Three Latin American Countries", *Cross Cultural Management: An International Journal*, Vol. 17, 2010, pp. 407–426.

力距离导向将会对变革型领导与员工程序公平认知间的关系进行调节。① 员工权力距离和传统性在感知到的组织支持和员工产出的关系中扮演着调节作用的角色，对于低权力距离的员工，两者间的关系更为显著，并且权力距离比传统性的调节作用更强。员工权力距离在程序公平与决策制定的关系中也发挥着调节效应。员工权力距离作为程序公平与决策参与行为间的调节变量，员工的高权力距离价值观会减弱它们之间的积极联系，或者说低权力距离者更容易因为程序公正而参与组织的决策行为。②

彭妍玲从组织决策、关系构建、沟通及激励等四个维度分析权力距离大小对我国国有企业管理行为的影响，中国国有企业在参与性决策呈现低权力距离的典型特征，而在关系构建和激励两个方面符合高权力距离的表现。③

从组织层面分析权力距离对企业管理的不同维度及管理成果的研究越来越多，但是这类研究的实证研究却面临较大困难。一方面，企业权力距离指数的测定需要在每个企业内选择大量样本进行测定，不同企业之间的比较则需要分别从多个企业中选择样本群组进行测定；另一方面，影响企业的管理过程及结果的因素繁多，很难对诸多控制变量进行有效控制。并且企业管理结果的衡量指标也很难确定。因此，虽然很多研究者从组织层面研究权力距离对组织管理影响表现出极大兴趣，但实际研究中仍存在诸多困难。

---

① B. L. Kirkman, G. Chen, J. L. Farh, et al., "Individual Power Distance Orientation and Follower Reactions to Transformational Leaders: A Cross-Level, Cross-cultural Examination", *Academy of Management Journal*, Vol. 52, 2009, pp. 744–764.

② K. Y. Wang, D. Z. Nayir, "Procedural Justice, Participation and Power Distance: Information Sharing in Chinese Firms", *Management Research Review*, Vol. 33, 2009, pp. 66–78.

③ 彭妍玲：《试论权力距离对中国国有企业管理者管理行为的影响》，硕士学位论文，重庆大学，2005年。

三 个体层面

权力距离不仅被广泛用于跨国家与跨组织文化间的比较,也被看成个体差异变量而运用于组织行为的研究中。Dorfman 和 Howell 首先将权力距离的研究应用于个体层面。个体层面的权力距离可定义为:社会或系统中个人对于上下级权力关系的看法或价值观。[①] 这为权力距离进一步深入研究,尤其是研究权力距离对个体行为表现或对他人行为的期望的研究奠定了理论基础。此后,越来越多的研究开始在个体层面上检验权力距离的有效性。

Hofstede 的研究认为,在西方国家中,相对于地位较高的员工来说,受教育程度和地位较低的员工更主张"专制价值观",其权力距离越大。这种专制的价值观不仅体现在工作场所,同样还体现在家庭中。[②] 与中产阶层的家长相比,工人阶级的家长会更要求孩子顺从自己。这是因为高权力距离的国度,个体间权力距离差异会越大;低权力距离的国度,个体间权力距离差异则越小。教育程度是一个人职业追求的主要决定因素之一。教育程度不同,人们的职业选择不同。受教育程度会影响个人的思维及价值观。特别是对于权力的理解和权力不平等分配的接受程度也是不同的。学历水平越高的人,知识面越广,在自由的校园氛围和研究氛围中度过的时间越长。学历越高的人表现得更为自信,更希望或相信自己的努力能取得一定的成就,也更喜欢坚持自己的想法。因此,受教育程度越高的人,可能更希望在一个平等、民主的环境中发挥自己的聪明才智。并且,受教育程度的不同还会影响到个体的信息交流状况。受

[①] P. W. Dorfman, J. P. Howell, "Dimensions of National Culture and Effective Leadership Patterns: Hofstede revisited", *Advances in International Comparative Management*, Vol. 10, 1988, p. 169.

[②] G. H. Hofstede, "Motivation, Leadership, and Organization: Do American Theories Apply Abroad?", *Organizational Dynamics*, Vol. 9, 1980, pp. 42 – 63.

教育程度越高，个体间资源和信息交流的方式和通道更为通畅，个体权力距离指数就会越小；而受教育程度较低的个体间资源和信息交流则相对闭塞，个体权力距离指数就会越大。

不同个体对权力距离的认识不同，进而工作行为、工作满意度也存在不同。组织中权力距离感高的人，工作满意度相对较高。权力距离与个人对组织、上级和团队的持续承诺和规范承诺存在正相关关系。高权力距离的个体更适应家长式的管理方式，低权力距离的个体则厌恶地位的不平等。受组织文化的影响，员工具有关注表象和谐和遵循权力距离的倾向，这使得他们对于进谏的结果持有负面预期，导致他们在与上级意见不一致时不愿说出自己的想法，这有助于理解中国的企业或组织中为何缺乏有效的沟通。

权力距离作为调节变量研究了不当监督对员工态度和行为的影响。[①] 当权力距离作为一种个人价值观时，和当它作为一个文化维度时具有相似的影响效果。权力距离对公平感与组织公民行为的调节作用进行研究，[②] 发现权力距离可以正向调节公平感与组织公民行为之间的关系。

四 权力距离与中国领导行为

自20世纪80年代Hofstede提出权力距离的概念以来，众多学者关注于权力距离对组织管理影响的研究，虽然这些研究大部分是在境外进行的，但对于了解我国领导行为也是有帮助的。领导行使权力应当与下属对权力距离的认识保持一致。如果下属感知的权力距离很大而上级采取民主式的领导，下级并不感激领

[①] 井辉：《中国情境下的员工建言行为影响因素研究》，经济科学出版社2017年版，第104页。

[②] 郭晓薇：《权力距离对公平感与组织公民行为关系的调节作用研究》，《心理科学》2006年第29卷第2期。

导,相反还感到很大的压力,无所适从;反之,如果下级感知的权力距离很小而上级采取专制式领导,下属的不公平感会增加,特别是当领导采取错误的行为时,下属的挫折感倍增,严重时会导致下属离职。具体来讲,权力距离对领导行为的影响主要体现在以下几个方面:

(1) 如何行使权力。权力距离涉及社会和个人(主要是下属)对权力不平等的认识,特别是下属对行使权力的接受程度。古典组织理论的代表人物之一巴纳德曾经指出,权力在很大程度上来自于下级的认同。权力距离实际上描述了下级对上级权力行使的认可程度。很自然地,在权力距离越大的国家和组织,领导越热衷于行使行政正式权力和专制权力。

(2) 如何决策。诺贝尔奖获得者西蒙曾指出"管理就是决策"。权力距离也可能影响到领导的决策方式。相对于西方发达国家,一些亚洲国家,特别是深受儒家思想影响的国家,权力距离一般较大。当西方跨国公司来到亚洲,在公司举行各种讨论会时,西方企业领导人很快就发现参会的人并不踊跃发言,他们感到非常诧异。在权力距离很大的组织,领导高高在上,大部分决策都是自己单独做出的,即使采取头脑风暴群体决策,绝大部分人并不积极发言,而是等着领导发言和定调,然后再随声附和。

(3) 如何处理冲突。解决冲突的方法可以归结为强制、迁就、回避、谈判和找出双赢方案,其中,谈判和找出双赢方案是积极的具有建设性的值得推荐的方法。研究表明,组织权力距离越大,领导采用建设性方法解决冲突的可能性就越小,即采用强制方法解决冲突的可能性就越大。

(4) 组织绩效。权力距离对组织绩效有明确的直接效用。高权力距离可能产生高组织绩效,也可能产生低组织绩效;同理,低权力距离可能产生高组织绩效,也可能产生低组织绩效。在这里,关键问题不是权力距离的大小,而是领导采取的领导方式与权力距离的匹配性。

随着社会经济文化的发展,原有传统的中国人的权力距离导向也正在发生改变,在中国逐渐融入世界的过程中,在管理方法与管理风格上,应当更多的重视人的因素,逐渐考虑到个体的因素,改变企业的管理风格与管理体制,逐渐减少专制型管理方式,将参与型领导和变革型领导方式引入到管理模式之中,逐步扩大员工的基本权力,采用群体决策,在制定决策的过程中将普通员工吸引到决策过程之中,这就能有效地避免决策不同带来的员工抵制情绪。

第六章

理论模型与研究设计

基于对国内外相关文献的回顾和梳理，从员工心理所有权的视角去研究服务型领导和建言行为之间的作用机制，确定本研究的探索方向，并基于相关的理论基础构建出理论框架模型，进而通过对核心变量之间相互关系的梳理，提出了理论假设，最后对理论假设进行汇总得出本研究的实证模型。

第一节 理论模型

在对员工行为进行解释的过程中社会交换理论占据了非常重要的地位，因此社会交换理论是本研究的基础理论。社会交换理论最早由巴纳德提出，后来得到马奇和西蒙的完善。社会交换理论认为，个体用自己的贡献与组织所提供的某种报酬形成交换关系，他们把人类的一切社会行为和社会关系归结为利益交换。在人们彼此交往的背后，自我利益是一种普遍具有的动机，而且，如果某种行为得到正面强化或者奖励后，这种行为会重复出现。以社会交换原则指导的人类行为可视为是其他一切行为及社会关系的基础，而且个人被吸引到交换中去是因为期待内在的或者外在的报酬。[①] 影响社会交换进行的社会因素有：交换关系中伙伴的"角色丛"的影响；群体规范或者群体交易的影响；成员之间的潜在联盟与强势一方的博弈；交换中权力的影响会改变交易的公平性；其他交换行为的影响。不同情境之间存在交互影响，对社会交换在不同情境中的表现影响不同。服务型领导能够将下属的利益放在重要位置，为下属提供所需服务，这可以视作一种资源付出，根据社会交换理论，下属在享受领导提供服务的同时，本着互惠的原则，会给予领导相应的回报。建言行为作为一种角色外行为，有助于组织目标的实现和组织绩效的提升，是员工回报领导的最佳选择。服务型领导倾向于授权，提倡员工进行自我管理，而建言行为本身就是员工参与管理的一种形式，它可以使员工对组织决策中存在的问题表达自己的看法，并为组织决策优化提供建议等，因此，服务型领导为员工提供了建言的渠道。与此同时，服务型领导的授权将激发员工的建言效能感和自信心，使他们在工作过程中保持工作热情，更容易激发他们进行建言的积极性。另外，员工的参与管理将有助于加深他们对组织愿景的了解和业务内容的熟悉程度，更有助于他们提出有助于单位愿景的实现和业务优化的意见、建议。服务型领导通过关爱、倾听、服务等方式使员工受到尊重，需求得到满足，另外，因其重视和倾听员工的意见、建议，建言被采纳的可能性更大，而建言被采纳是员工建言最期待的结果。这也将激发员工建言的积极性。相关研究表明，服务型领导容易使组织内的员工为工作付出额外的努力，这种额外的努力更容易衍生角色外行为。

社会认同理论作为本研究的基础理论，具有支撑性作用。20

[①] 严丹：《辱虐管理对员工建言行为影响的实证研究》，经济科学出版社2014年版，第72页。

世纪 70 年代由 Tajfel 等提出，是社会学、心理学领域一个宏大的社会科学理论，可以广泛解释整个社会、组织和个人等方面的内容。[1] 社会认同是指个体由他（或她）属于特定的社会群体的成员身份驱动的自我概念，同时也意识到这种群体身份带给他的情感和价值意义。[2] 社会认同形成的前提包括：个体具有追求成就，维持或提高自身价值的自尊的需要；自尊是由社会认同决定的；社会认同根据群体背景而被积极或消极地加以评估。社会认同的过程有：（1）分类，是将自我与他人、环境进行归类的心理过程；（2）认同，是获得和定义个体成员身份的心理过程；（3）比较，是通过群体比较来维持积极差异、追求积极自尊的心理过程。

社会认同理论为解释组织内群体行为提供了强有力的解释框架。社会认同发挥了 7 大功能：自我审视与自我理解；向下社会比较；集体自尊；内群体合作；内群体比较和竞争；社会互动；浪漫卷入。本研究具有以下前提假设：员工对组织产生认同；员工对组织产生的认同会导致个体积极和消极的情感产出。以上两点是由社会认同理论推论出来的。因此，社会认同理论是本研究的重要理论基石。组织认同是社会认同的一种特殊形态，是在社会认同概念的基础上发展起来的。组织认同规范分为三类：（1）认知视角，是指员工通过自我认知模式的改变而对组织产生的认同。Ashforth 和 Mael 从认知视角来研究组织认同，将认同看作个体和组织认知一致性整合内化的过程，是个体感受到的组织身份和归属感的过程，在此过程中，个体和组织的价值观达成了一致。[3]（2）情感视角，关

---

[1] 陈晓萍、徐淑英、樊景立：《组织与管理研究的实证方法》，北京大学出版社 2008 年版，第 60—64 页。

[2] H. Tajfel, "Individuals and Groups in Social Psychology", *British Journal of Clinical Psychology*, Vol. 18, 1979, pp. 183 – 190.

[3] B. E. Ashforth, F. Mael, "Social Identity Theory and The Organization", *Academy of Management Review*, Vol. 14, 1989, pp. 20 – 39.

注了个体和组织之间的情感联系,组织认同是员工和组织之间的情感承诺和心理依附。(3)认知特性与情感特性,该视角认为组织认同包含了认知和情感,从过程上看,体现了认知视角,员工通过认知视角产生对组织的认同;从内容上看,体现了情感视角,员工通过建立感情联系来产生对组织的认同。虽然组织认同的定义不同,但可以看出这些定义都反映了组织认同的两大特性:组织认同反映的是一种关系,是员工自我概念与组织之间的关系。组织认同是以员工自我为中心,按照员工的自我标准对其自我身份的确认与寻求,组织认同是从组织那里折射出来的员工自我。从心理所有权的产生途径可知,组织认同既是心理所有权的基础,也是心理所有权产生的条件。心理所有权对角色外行为的预测作用获得大量学者的共识,作为角色外行为的建言行为,心理所有权对其有很好的预测作用。

权力距离从社会信息加工理论角度探讨服务型领导对员工建言行为的机制。社会信息加工理论认为,对于工作场所社会情境(或环境)的感知将影响个人后续的行为和绩效。鉴于雇员为了更好地适应环境而通过社会交往适应他们的工作场所特征这一情况,工作情景将因此借助组织态度、认知与雇员激励措施影响雇员的行为。鉴于这一理论,在员工进行社会/团队信息加工处理的时候,员工将对团队是否或多大程度上鼓励(或阻碍)其建言形成共同的感知。这些共同感知将影响员工随后的情感动机和行为结果。权力距离是近年来学术界研究的最为广泛的文化价值观之一,是指个体对于所处组织权力分配不平等的接受程度。员工权力距离所要研究的不是个体在组织是否拥有权力,或者所拥有权力的大小程度如何,着重点是探究员工对组织中权力分配不平等的接受程度,以及这种权力距离所带来的心理和行为的反应。因此在服务型领导对建言行为的研究中融入员工个体的个性特征和价值观将更好地诠释服务型领导对建言行为影响的作用机制。本研究的探索方向主要从以下几个方面进行：

（1）比较服务型领导、变革型领导和家长式领导对员工建言行为影响的异同。

检验服务型领导的有效性，并与家长式领导及变革型领导的有效性进行比较，研究服务型领导对员工建言影响的增量效应，进一步凸显服务型领导在中国组织中的适用性。

（2）服务型领导影响建言行为内在机理的探索。

本书引入心理所有权为中介变量、权力距离为调节变量探索其内在机制。

因此根据前文的理论探索和本研究的探索方向，提出基于心理所有权的服务型领导对建言行为影响的研究模型。

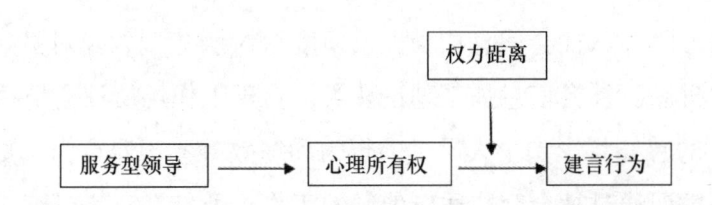

图6—1 基于心理所有权的服务型领导对建言行为影响的研究模型

第二节 研究假设

一 人口统计学变量对建言行为的影响

有实证研究表明，个体的人口统计学特征差异可以影响建言行为，包括性别、年龄、受教育程度、工作年限等因素。其中受教育程度与建言行为呈正相关关系。对于性别变量，在中国文化情境下男性员工相较于女性员工会更愿意建言，而有学者通过实证文献进行元分析，结果发现性别与建言行为无显著相关。对于年龄、工作年限变量，一些学者的研究结果是年长的员工有较多的建言行为，但另外一些学者的研究结果是年龄与员工建言行为呈负相关关系。这可能是由于抽样或测量偏差等原因导致了研究结果的差异。本研究将从人口统计学的角度分析性别、年龄、文化程度、工作年限、组织类型和组织规模对员工建言行为的总体影响。因此，本研究提出如下假设：

假设1（H1）：人口统计学变量与员工的建言行为显著相关。

假设1-1（H1-1）：员工的性别、年龄、文化程度、工作年限、组织类型和组织规模等不同，其促进性建言行为存在显著差异。

假设1-2（H1-2）：员工的性别、年龄、文化程度、工作年限、组织类型和组织规模等不同，其抑制性建言行为存在显著差异。

二 领导类型对建言行为的影响

建言行为是重要的员工角色外行为之一，是组织公民行为的一个独立维度。虽然在组织正式的薪酬体系中尚未得到明确或直接的确认，但就整体而言有益于提高组织效率，是一种基于社会交换的自愿性的回报行动。这种交换可以是经济性的，也可以是社会性和情感性的，但是包含的态度比较微妙。积极的建言行为可以让领导有机会从不同的角度看问题，防止信息不对称而导致的决策失误，减少对组织造成的损失，并促进组织的持续改进和创新。个体通过建言可以向上级或同事发出"我是有能力的"或"我关心组织"的信号，容易给人留下胜任的印象，从而在组织中赢得良好的声誉。建言还可以增加个体参与决策的机会，提升其对组织的责任感和归属感，获得良好的绩效评价，提高其在组织中的地位，促进其在组织中的长期职业生涯发展。但是建言需要员工投入一定的时间、精力以及持续奉献精神，很多员工担心自己能力有限，提出的建议无法影响决策而保持沉默。另外，建言具有"逆耳"的特点，有可能被理解为抱怨或批评，被视为是对组织和谐的威胁或者对领导权威的挑战而被贴上标签。因此，即使是最具主动性或满意度非常高的员工也有可能视具体情况来决定是否进行建言。

在中国文化情境下的组织中，由于上下级权力距离较大，领导肩负着向员工传达组织目标和价值观的责任，掌握着组织的重要资源，因此上司的领导风格无疑会对下属的工作态度和行为产生重要的影响。领导行为或特征是以往相关研究所发现的决定员工建言行为的重要情境因素。

（一）服务型领导对员工建言行为的影响

根据社会交换理论，人与人之间的关系实质就是一种精神和物质交换关系，当下属感受到领导对于自己的付出时，按照互惠平衡的原则，员工就会给领导相应的回报，下属回报领导的方式之一就是有更多的积极工作行为产生。服务型的领导者会给予员工帮助、尊重、信任、关爱，等等，员工感知到这种给予的时候就会用积极的工作行为去回报领导，员工建言行为作为一种积极的角色外行为，会被当作一种给领导的回报。服务型领导的五个维度分别为情绪抚慰、劝说引导、利他使命感、预见性智慧和社会责任感，五个维度都展现了服务型领导的魅力所在，这种领导魅力会激发员工的工作热情，激发员工自愿参与到组织里来的积极性，而员工建言行为就是一种参与组织的表达形式，通过这种形式来表达自己对企业的认可和与企业共同发展的希望。在工作中，当员工遇到困难或者挫折，会产生不好的情绪抑或是失落感，如果领导能够对员工保持关怀，帮助他调节情绪上的问题，并且指导他度过工作上的困难，员工就会快速地从不良情绪中恢复，其工作积极性就会变得很高，倾向于产生更多的建言行为。而当领导把员工的利益放在第一位的时候，员工会对这个领导充满感激和认可，愿意向其表明自己的态度和想法。预见性智慧是一种领导能力，会使下属更加信任领导的领导能力，从而会有建言行为的产生。社会责任感则是一种领导魅力，会使下属更加认可领导以及组织，他们会更加努力地为公司做贡献，因此倾向于产生更多的建言行为。这些典型的服务型领导行为可被看作是领导为建立起与下属之间良好的社会交换关系而进行的资源投入。因此，提出如下假设：

假设2（H2）：服务型领导对员工的建言行为具有显著的正向影响。

假设2-1（H2-1）：服务型领导对员工的促进性建言行为具有显著的正向影响。

假设2-1a（H2-1a）：情绪抚慰对促进性建言行为具有显著的正向影响。

假设2-1b（H2-1b）：劝说引导对促进性建言行为具有显著的正向影响。

假设2-1c（H2-1c）：利他使命感对促进性建言行为具有显著的正向影响。

假设2-1d（H2-1d）：预见性智慧对促进性建言行为具有显著的正向影响。

假设2-1e（H2-1e）：社会责任感对促进性建言行为具有显著的正向影响。

假设2-2（H2-2）：服务型领导对员工的抑制性建言行为具有显著的正向影响。

假设2-2a（H2-2a）：情绪抚慰对抑制性建言行为具有显著的正向影响。

假设2-2b（H2-2b）：劝说引导对抑制性建言行为具有显著

的正向影响。

假设2-2c（H2-2c）：利他使命感对抑制性建言行为具有显著的正向影响。

假设2-2d（H2-2d）：预见性智慧对抑制性建言行为具有显著的正向影响。

假设2-2e（H2-2e）：社会责任感对抑制性建言行为具有显著的正向影响。

（二）变革型领导对员工建言行为的影响

近年来，一些学者已经证实变革型领导行为与下属组织公民行为有显著的正向相关关系，由于建言行为和组织公民行为同属于员工的角色外行为，因此可认为变革型领导也能够促进员工产生建言行为。Milliken等试图找出员工不愿意建言的原因和不愿意对哪些问题进行建言。他在对40名员工的调研数据进行分析的基础上，建立了一个模型来测度员工的建言行为。研究发现，变革型领导风格能够使员工与领导之间建立互信的关系，从而激发员工付出超出期望的努力，建言行为也被认为是超出组织对员工期望的行为之一。[1] Piccolo等在中国背景下对162名领导和员工进行实证研究，验证了变革型领导组织公民行为的显著关系，领导—成员交换在两者关系中起到完全中介作用。[2] 吴隆增、曹昆鹏等以广州市5家员工人数在1000人以上的高科技电子制造企业为研究对象，通过领导评价其直接下属的方式对231名领导和231名下属进行实证调研，研究得出结论：在大型电子

---

[1] F. J. Milliken, E. W. Morrison, P. F. Hewlin, "An Exploratory Study of Employee Silence: Issues That Employees Don't Communicate Upward and Why", *Journal of Management Studies*, Vol. 40, 2010, pp. 1453-1476.

[2] R. F. Piccolo, J. A. Colquitt, "Transformational Leadership and Job Behaviors: The Mediating Role of Core Job Characteristics", *Academy of Management Journal*, Vol. 49, 2006, pp. 327-340.

科技型企业中，变革型领导行为对员工建言行为有显著的正向影响。[1] 由于调查样本的区域局限性，研究的调查结论受到一定程度的质疑。

本书使用李超平、时勘开发的四个维度的量表来测量变革型领导行为。[2] 从具体的维度来看，德行垂范是中国文化背景下特有的维度，作为中国传统文化精髓的孔孟文化，孔子认为个人的美德、素质在社会的发展和治理中具有重要作用。"修身治国平天下"反映了德行是作为统治者、领导者需要具备的素质，德行垂范维度正是强调了领导者通过提升自身道德修养来感染员工。在传统中国文化中，道德修养作为一个综合化的概念，它的内涵十分丰富，勇于纳谏、乐于接受他人的"逆耳"建言便是其道德修养的体现之一。愿景激励是领导者通过构建未来美好的理想和愿景，在愿景描画的过程中不断地与下属沟通、交流愿景的实现途径来激发下属更高层次的追求动机，并愿为组织的高绩效目标付诸行动。愿景激励实现的关键是能够在组织中建立起开放、信任的组织氛围，支持并鼓励员工创新精神和行为，在这样的组织氛围下，可以减少员工建言的风险性，从而从组织层面鼓励并支持员工建言。个性化关怀要求领导者要考虑到员工的个体差异性，因为在组织中，员工具有差异化的个人背景和经历，所以在个人需求和追求上也具有差异性，领导者首先需要明晰个体差异，然后针对每个员工的特点和实际情况制定相对个性化的激励方案和工作任务，提供针对性的帮助，使员工能够达到更高的绩效。这种个性化关怀的过程实际上是领导与员工双向沟通、双向了解的过程，在这个过程中信息是双向传递的，员

---

[1] 吴隆增、曹昆鹏等：《变革型领导行为对员工建言行为的影响研究》，《管理学报》2011年第8卷第1期。

[2] 李超平、时勘：《变革型领导的结构与测量》，《心理学报》2005年第37卷第6期。

工对组织或者领导者有任何的问题又可以及时提出并得到反馈，因此领导者对员工的个性化关怀有助于下属建言行为的产生。领导魅力维度是指领导者在员工中要树立起具有独特魅力的领导者个人形象，例如：乐观、坚韧、自信、果断、勇敢等，从而激发员工对领导者的尊敬感和敬佩感，对组织产生强烈的归属认同感，并且坚定不移地拥护领导者，使得员工为实现个人目标和组织目标的意愿更强烈和持久。因此，当组织出现问题时，领导者个人魅力对员工的吸引力将会激发员工的建言行为。基于以上论述，本研究提出以下假设：

假设3（H3）：变革型领导对员工的建言行为具有显著的正向影响。

假设3-1（H3-1）：变革型领导对促进性建言行为具有显著的正向影响。

假设3-1a（H3-1a）：德行垂范对促进性建言行为具有显著的正向影响。

假设3-1b（H3-1b）：愿景激励对促进性建言行为具有显著的正向影响。

假设3-1c（H3-1c）：个性化关怀对促进性建言行为具有显著的正向影响。

假设3-1d（H3-1d）：领导魅力对促进性建言行为具有显著的正向影响。

假设3-2（H3-2）：变革型领导对抑制性建言行为具有显著的正向影响。

假设3-2a（H3-2a）：德行垂范对抑制性建言行为具有显著的正向影响。

假设3-2b（H3-2b）：愿景激励对抑制性建言行为具有显著的正向影响。

假设 3 - 2c（H3 - 2c）：个性化关怀对抑制性建言行为具有显著的正向影响。

假设 3 - 2d（H3 - 2d）：领导魅力对抑制性建言行为具有显著的正向影响。

（三）家长式领导对员工建言行为的影响

我国与建言行为有关的研究大多是以西方研究成果为基础，在传统家长领导领域中的研究不多见。但是仍然可以发现，我国大多数家长式领导方式的研究与西方的变革型领导研究非常相似，从维度上看，二者非常接近，如中国传统领导方式当中的领导以父亲般的慈爱对待下属，西方领导文化则提倡领导对下属应该有个性化关怀；中国领导方式提倡领导应该正直、尽责，西方文化提倡领导应该具有感召力。并且，绝大多数学者都认为能够对员工建言行为产生直接影响的是领导的管理方式及管理行为。若员工坚信企业的领导能够胜任其岗位，那么员工建言就会体现出更大的主动性与积极性。本研究采用台湾学者郑伯埙、周丽芳和樊景立所编制的家长式领导量表（PLS），[①] 分为仁慈领导、德行领导和权威领导三个维度来测量团队领导者的行为。

对于仁慈的领导而言，他们最突出的特点就是对下属非常关心，竭尽全力给下属提供帮助，为下属排忧解难。对于领导而言，他们主要的目标就是利用自己的有限资源来换取下属的更多资源。领导更喜欢与下属之间建立一种相互依赖的关系。社会交换理论主张当双方之间存在一种无形的、能够使双方收益的关系时，一方就认为自己有责任在未来某一时刻报答对方，这种报答是不分形式的。在上述思想观念的影响之下，下属为了回报上级的关心，在工

[①] 郑伯埙、周丽芳、樊景立：《家长式领导：三元模式的构建与测量》，《本土心理学研究》2000 年第 14 期。

作上表现出对上级更多的支持与拥护，并且他们也会乐于向其上级建言。Oldham 和 Cummings 提出：员工通常对表现友好、仁慈的领导表示拥护，并且对领导的命令表现出绝对的顺从。[①] 即仁慈型领导唤起了员工最传统的责任感与使命感，这时候员工的主要表现为对领导忠诚，在公共场所对领导表示绝对拥护。学者通过大量的研究指出：仁慈领导经常给下属发出信号，这个信号意在告诉员工在领导眼中，他们都是尽责尽职的好员工，以后一定会有展示他们才能的舞台。

德行领导最突出的特点就是以自身的品格影响下属，为下属做出表率，进而引导或促进建言。在工作中，一个具备较高德行的领导应该是正直无私的，他们用自身的美好品德为员工做好榜样。领导所表现出的高尚道德情操与正直的处事风格会对员工产生潜移默化的影响。作为一个领导，若丧失了诚信与做人的基本道德，那么员工很难在这样的工作环境中积极建言。在工作中，领导所处的位置与一般员工不一样。领导拥有较高的权力，他们有权力对下级员工的工作任务进行分配。德行领导与员工对领导的信任紧密联系。并且，领导的道德品德越高，其管理效率、下属的工作满意性程度越高。德行领导能真正为员工利益考虑，并采取有效措施促进员工积极建言。德行领导做出重大决策之前都会广泛考虑员工的意见，最大限度做到决策公平。对于领导而言，其赢得下属信任的主要因素就是正直诚实。

权威型领导与仁慈型领导差别很大。权威领导大都拥有绝对性权威，下属不能否定和反抗，同时这种类型的领导要求员工对其命令绝对服从。这样的领导方式很难被员工接受，员工很容易出现消

[①] G. R. Oldham, A. Cummings, "Employee Creativity: Personal and Contextual Factors at Work", *Academy of Management Journal*, Vol. 39, 1996, pp. 607–634.

极否定心理，更不要说积极建言了。权威领导过分看重手中的权力，过分强调对下属的绝对控制权。Aryee 认为，权威领导的一贯管理方式就是提供信息，独自决定应该完成什么任务、怎样完成任务。并且他们会对不服从决定的下属进行处罚。[①] 相关数据结果表明：中国人对高权力的容忍程度比其他国家更强。领导的专权行为迫使下级表现出顺从行为。在这种工作氛围的影响之下，久而久之，员工便习惯按照领导的决定办事，而不会再积极建言。Mumford 等指出：长时间的顺从会抑制员工创新能力的发挥。[②] 在绝对服从的观念影响之下，员工不再主动进行创新与探索，最终创新性思维被完全扼杀。领导的积极反馈能直接促进员工建言的主动性及积极性。一个开明的领导应该广泛听取员工的意见，并能采取有效措施促进员工创新性思维发挥。领导心胸狭隘、独断专权会严重抑制员工的建言行为。基于以上论述，提出以下假设：

假设 4（H4）：家长式领导对员工建言行为存在影响作用。

假设 4a（H4a）：仁慈领导对促进性建言行为具有显著的正向影响。

假设 4b（H4b）：德行领导对促进性建言行为具有显著的正向影响。

假设 4c（H4c）：权威领导对促进性建言行为具有显著的负向影响。

假设 4d（H4d）：仁慈领导对抑制性建言行为具有显著的正向影响。

---

① S. Aryee, "Trust as a Mediator of the Relationship Between Organizational Justice and Work Outcomes: Test of a Social Exchange Model", *Journal of Organizational Behavior*, Vol. 23, 2002, pp. 267–285.

② M. D. Mumford, G. M. Scott, B. Gaddis, et al., "Leading Creative People: Orchestrating Expertise and Relationships", *The Leadership Quarterly*, Vol. 13, 2002, pp. 705–750.

假设4e（H4e）：德行领导对抑制性建言行为具有显著的正向影响。

假设4f（H4f）：权威领导对抑制性建言行为具有显著的负向影响。

三 心理所有权的中介作用

（一）服务型领导对心理所有权的影响

服务型领导对下属行为的影响机制主要依赖于增强下属与所在组织、领导本人之间的心理联系。服务型领导不仅可以通过向员工提供支持与协助，为他们的成长搭建平台，帮助组织树立良好的雇主形象，而且还可以通过向组织或外部社区提供服务，帮助组织打造积极的社会公民形象。为这样的组织工作，员工既可以获得成长的机会，又可以感受到由成员身份带来的自豪感，因此，他们愿意通过自己的行为回报组织，帮助组织来保持这种形象，这就是员工对组织认同的体现。可见，服务型领导能够显著提升下属对组织的认同，而组织认同感既是心理所有权的基础，也是心理所有权产生的条件。不同的领导方式对员工心理所有权有显著的影响。因此，提出以下假设：

假设5（H5）：服务型领导对心理所有权具有显著的正向影响。

（二）心理所有权对员工建言行为的影响

关于心理所有权与建言行为之间的关系，已有研究大致分为两类：第一，基于心理所有权对角色外行为的预测作用，进而推断心理所有权能够影响员工的建言行为。第二，直接讨论心理所有权与建言行为之间的关系，并进行实证检验。现将上述两类研究梳理如下：

首先，心理所有权对角色外行为的预测作用获得大量学者的共识。该类型研究一致认为，员工对组织产生的心理所有权，使员工将组织作为自我的一部分,对组织产生积极的情感和责任感,从而使员工产生对组织有利的行为,如角色外行为。因此,心理所有权对角色外行为具有正向预测作用。建言行为可视为角色外行为的一种,因此可以推测,心理所有权能够影响建言行为的产生。其次,也有研究直接对心理所有权与建言行为之间的关系进行验证。如李锐等人的研究发现,上级支持对建言行为具有促进作用,心理所有权起到中介作用。[1] 周浩等认为,建言行为需要承担个人风险,可能"吃力不讨好",因此,员工对组织是否具有主人翁的感受,是否把组织的事当作自己的事,可能是建言重要的影响因素。[2] Wagner 等认为,心理所有权会使员工产生正面的积极行为,例如,提高工作绩效、节省开支、积极的表达建议等。[3] LePine 等认为,与组织心理联系较强的员工会经常表达建议。因为这种心理联系将会使员工竭尽所能,为组织利益而思考。[4] 员工在考虑是否建言时,可能会思考建言所带来的收益与风险。因此,安全感对建言与否具有关键性的影响。心理所有权能够为员工带来"家"的安全感,从而降低建言的顾虑。Hammer 等认为,员工对组织产生的所有权的心理体验,能够使员工感知到其在组织中的发言权。[5] 心理所有权能够促进员工在决策时优先考虑组织的利益(因为已将组织视为

---

[1] 李锐、凌文铨、方俐洛:《上司支持感知对下属建言行为的影响及其作用机制》,《中国软科学》2010 年第 4 期。

[2] 周浩、龙立荣:《变革型领导对下属进谏行为的影响:组织心理所有权与传统性的作用》,《心理学报》2012 年第 44 卷第 3 期。

[3] S. H. Wagner, C. P. Parker, N. D. Christiansen, " Employees that Think and Act Like Owners: Effects of Ownership Beliefs and Behaviors on Organizational Effectiveness", *Personnel Psychology*, Vol. 56, 2003, pp. 847 – 871.

[4] J. A. LePine, L. Van Dyne, "Predicting Voice Behavior in Work Groups", *Journal of Applied Psychology*, Vol. 83, 1998, pp. 853 – 868.

[5] T. H. Hammer, J. C. Landau, R. N. Stern, "Absenteeism When Workers Have A Voice: The Case of Employee Ownership", *Journal of Applied Psychology*, Vol. 66, 1981, pp. 561 – 573.

"目标物",视为自我概念的一部分)。因此,当存在建言的必要性时,他们会将建言行为视为自己的责任。当员工产生责任感时,会认为自己有责任大胆表达建议,尽管可能意味着风险的承担。上述研究文献直接或间接地表明,心理所有权能够影响建言行为的产生。综合上述分析,提出如下假设:

假设6(H6):心理所有权对员工建言行为具有显著的正向影响。

假设6-1(H6-1):心理所有权对促进性建言行为具有显著的正向影响。

假设6-2(H6-2):心理所有权对抑制性建言行为具有显著的正向影响。

(三)心理所有权对服务型领导与员工建言行为的中介作用

心理所有权主要指员工对目标拥有权的一种心理感知情况,心理所有权不仅有情感上的因素,还包括认知上的因素,它表示所有权或占有的感觉。组织促使员工产生心理所有权的原因是满足了员工三方面需要:"家"(归属感)、自我效能感和自我认同。领导被视为影响下属心理所有权的重要因素。服务型领导在与员工共事过程中,使员工得到更多的服务、支持和资源,能够增进他们之间的心理交流与情感联系,使员工对组织产生心理所有权,将组织视为自己的家。服务型领导提倡的服务、授权有助于员工激发潜能,挑战自我,从而提升其自我效能感;有助于引导组织中员工在"服务"的氛围下的全面发展和自我效能感的产生与增强。自我认同反映了员工对自身清晰认识的需要,主要指员工通过明确与占有物的关系来认识自己。服务型领导通过向员工解释组织愿景,提供服务,使员工明确组织目标、发展方向与组织的关系,使得员工明确自己与组织的战略目标密切相关,从而获得自我认同。员工对组织产生心理所有权,将组织视为自己的家,对组织产生责任感和使命感，进而强化自己在组织中的投入度，展现出更多角色外行为，为组织的福祉、运作、发展提供更多建议。员工建言过程中会考虑风险和收益两个方面，服务型领导使员工在组织中获得"家"的感觉，从而增强员工建言过程中的心理安全感，促进建言行为的产生；服务型领导使员工认为"这个组织是我的"，将组织利益和自身利益融为一体，由于他们为组织改革和良好运行进行建言最终受益的还是自己，员工可能更愿意建言。基于此，提出如下假设：

假设7（H7）：心理所有权对服务型领导与员工建言行为之关系起到中介作用。

假设7-1（H7-1）：心理所有权对服务型领导与促进性建言行为之关系起到中介作用。

假设7-2（H7-2）：心理所有权对服务型领导与抑制性建言行为之关系起到中介作用。

四 权力距离的调节作用

权力距离具体到组织，主要指组织中不平等的权力分配，当权力距离反映到个体层次时，权力距离可作为个体的价值观差异或心理特征差异，指员工对上下级权力或权力分配不平等的接受程度，它会对员工角色定位和沟通方式产生重要影响。

当高权力距离导向的员工对组织产生心理所有权时，其会对组织产生"家"的感觉，更会遵守"家"中的权力分配，维护自己在"家"中权力的从属地位，即使"家"存在问题，也会尊重领导的决定而较少建言。当低权力距离导向的员工对组织产生心理所有权时，尽管员工会对组织拥有"家"的感觉，但对"家"里的权力差异感知或者接受程度较低，坚持可以平等参与"家"中事务的价值观，并认为自身应该参与到"家"中决策的过程中，会更积极地提出意见、建议。因此，提出如下假设：

假设8（H8）：权力距离在心理所有权与员工建言行为之间的关系中起负向调节作用。

假设8-1（H8-1）：权力距离在心理所有权与员工促进性建言行为之间的关系中起负向调节作用。

假设8-2（H8-2）：权力距离在心理所有权与员工抑制性建言行为之间的关系中起负向调节作用。

对于高权力距离的员工而言，服务型领导的服务、授权使得员工获得对组织心理所有权的时候，出于对领导的关怀和服务的回报，反而对与服务型领导的权力差异更加认可，更加认可自己的权力从属地位，从而抑制自己建言的积极性，服务型领导的授权使他们获得了对组织的心理所有权，但是，高权力距离的员工并没有从内心获得心理授权，而是仅仅获得依附领导的心理所有权，而这种基于对领导权力的依附和认可的心理所有权将抑制员工的建言行为。低权力距离导向的员工更容易接受领导的心理授权，在出于情感交换的目的而进行建言的过程中能够避免受到自身从属地位的干扰，从而能够更积极地提出自己的合理化意见，在服务型领导通过影响员工自我效能感从而刺激其建言的过程中，员工对从属地位较低的敏感度将有助于避免其建言过程中的诸多顾虑，增加其心理安全感，从而促进其更加真实地、彻底地提出自己的意见和看法。基于此，通过假设7和假设8，提出：

假设9（H9）：权力距离负向调节了服务型领导通过心理所有权影响建言行为的中介作用。

假设9-1（H9-1）：权力距离负向调节了服务型领导通过心理所有权影响促进性建言行为的中介作用。

假设9-2（H9-2）：权力距离负向调节了服务型领导通过心理所有权影响抑制性建言行为的中介作用。

将本节的研究假设汇总如下（见表6—1）：

表6—1　　　　　　　　　　本书假设汇总

假设	假设内容
H1	人口统计学变量与员工的建言行为显著相关
H1-1	员工的性别、年龄、文化程度、工作年限、单位性质和单位规模等不同，其促进性建言行为存在显著差异
H1-2	员工的性别、年龄、文化程度、工作年限、单位性质和单位规模等不同，其抑制性建言行为存在显著差异
H2	服务型领导对员工的建言行为具有显著的正向影响
H2-1	服务型领导对员工的促进性建言行为具有显著的正向影响
H2-1a	情绪抚慰对促进性建言行为具有显著的正向影响
H2-1b	劝说引导对促进性建言行为具有显著的正向影响
H2-1c	利他使命感对促进性建言行为具有显著的正向影响
H2-1d	预见性智慧对促进性建言行为具有显著的正向影响
H2-1e	社会责任感对促进性建言行为具有显著的正向影响
H2-2	服务型领导对员工的抑制性建言行为具有显著的正向影响
H2-2a	情绪抚慰对抑制性建言行为具有显著的正向影响
H2-2b	劝说引导对抑制性建言行为具有显著的正向影响
H2-2c	利他使命感对抑制性建言行为具有显著的正向影响
H2-2d	预见性智慧对抑制性建言行为具有显著的正向影响
H2-2e	社会责任感对抑制性建言行为具有显著的正向影响
H3	变革型领导对员工的建言行为具有显著的正向影响
H3-1	变革型领导对促进性建言行为具有显著的正向影响
H3-1a	德行垂范对促进性建言行为具有显著的正向影响
H3-1b	愿景激励对促进性建言行为具有显著的正向影响
H3-1c	个性化关怀对促进性建言行为具有显著的正向影响
H3-1d	领导魅力对促进性建言行为具有显著的正向影响
H3-2	变革型领导对抑制性建言行为具有显著的正向影响
H3-2a	德行垂范对抑制性建言行为具有显著的正向影响

续表

假设	假设内容
H3-2b	愿景激励对抑制性建言行为具有显著的正向影响
H3-2c	个性化关怀对抑制性建言行为具有显著的正向影响
H3-2d	领导魅力对抑制性建言行为具有显著的正向影响
H4	家长式领导对员工建言行为存在影响作用
H4a	仁慈领导对促进性建言行为具有显著的正向影响
H4b	德行领导对促进性建言行为具有显著的正向影响
H4c	权威领导对促进性建言行为具有显著的负向影响
H4d	仁慈领导对抑制性建言行为具有显著的正向影响
H4e	德行领导对抑制性建言行为具有显著的正向影响
H4f	权威领导对抑制性建言行为具有显著的负向影响
H5	服务型领导对心理所有权具有显著的正向影响
H6	心理所有权对员工建言行为具有显著的正向影响
H6-1	心理所有权对促进性建言行为具有显著的正向影响
H6-2	心理所有权对抑制性建言行为具有显著的正向影响
H7	心理所有权对服务型领导与员工建言行为之关系起到中介作用
H7-1	心理所有权对服务型领导与促进性建言行为之关系起到中介作用
H7-2	心理所有权对服务型领导与抑制性建言行为之关系起到中介作用
H8	权力距离在心理所有权与员工建言行为之间的关系中起负向调节作用
H8-1	权力距离在心理所有权与员工促进性建言行为之间的关系中起负向调节作用
H8-2	权力距离在心理所有权与员工抑制性建言行为之间的关系中起负向调节作用
H9	权利距离负向调节了服务型领导通过心理所有权影响建言行为的中介作用
H9-1	权利距离负向调节了服务型领导通过心理所有权影响促进性建言行为的中介作用
H9-2	权利距离负向调节了服务型领导通过心理所有权影响抑制性建言行为的中介作用

根据研究假设，本研究的实证模型如图 6—2 所示。

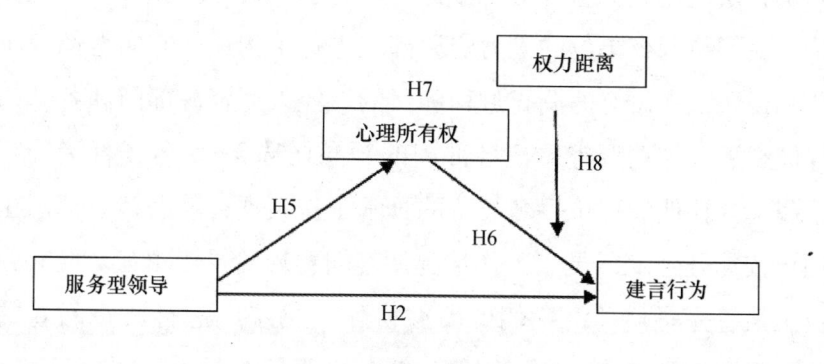

图 6—2 本研究实证模型

第三节 研究步骤

一 问卷发放和回收

在本次调查研究中为了避免共同方法偏差，采用管理者和员工数为 1∶3—1∶5 的配对样本调查，对上级和员工分开测量研究的几个变量（即自评与他评相结合，把自变量和因变量分开填）。问卷以套为单位，每一套问卷中包括一份《管理者工作情况调查问卷》和五份《员工工作情况调查问卷》，管理者问卷主要要求领导对其直接分管的 3—5 名下属的建言行为表现分别进行评价，员工问卷主要要求员工对其直接上级的领导行为做出评价、并评价自身在工作过程中心理所有权和权力距离两个变量。每一套调查问卷用一个大信封填装（内含一份管理者问卷和五份员工问卷），大信封外面写有相应的指导语，在大信封封口处贴有双面胶，大信封里有 5 个小信封用来填装员工问卷，小信封上分别标有 A、B、C、D、E 的字样，信封封口处同样也贴有双面胶，指导语提示被调查者答完后各自用双面胶封好，避免无关人员看到他们的作答，以利于他们放心填写。为了提高研究的科学性、可靠性，本研究对问卷的收集方式进行严格控制并对问卷的自变量和因变量分开施测。在正式开始调查研究之前，经本研究的一些研究协作人员联系、协调和帮忙，我们与调查单位的人力资源部门进行了沟通，并向他们简单交代和说明了本研究的调查过程和目的。经人力资源部门和各部门领导同意后，先请调查单位各部门的领导任选3—5名其直接分管的下属，并让他们评价每名员工的日常工作表现；然后请各部门主管领导按编号分发《员工工作情况调查问卷》给员工填写。同时告之员工填答完毕后，由我们的研究协作人员统一进行调查问卷的回收。在调查研究的指导语中，多次注明问卷采用"匿名填写"，"您填答后，问卷由我们的协调人员直接交给我们，所以您的上级、下属或同事绝对不会看到您的回答"，"问卷答案无对错之分，所得结果纯粹做学术研究之用"，"与贵单位绩效等方面无任何关系，绝对不会对您以及下属的工作生活产生任何影响"，"您的填答我们将严格保密"等表述，以确保调查对象能够真实作答。

二 统计分析

在问卷回收之后，对其进行整理编号。本研究主要采用SPSS20.0和Mplus7.0对数据进行分析研究。本研究主要使用了以下数据分析方法：

第一，描述性统计分析：分析样本的一些基本信息分布情况，包括性别、年龄、文化程度、工作年限、组织规模及组织类型等的频数和百分比的分布。

第二，信效度检验：通过软件SPSS20.0来检验所使用问卷的信度和效度。在检验过程中主要采用探索性因子分析方法。

第三，验证性因子分析：通过Mplus7.0进一步检验调查问卷的结构效度。

第四，独立样本T检验：检验不同性别的样本对于员工建言行为的差异。

第五，单因素方差分析：检验不同年龄、文化程度、工作年限、组织规模及组织类型等的样本对员工建言行为的差异。

第六，皮尔逊相关分析：探究服务型领导、心理所有权、权力距离和员工建言行为之间的相关性及显著性。

第七，回归分析：本研究采用回归分析法来探究各变量之间的因果关系，并且验证心理所有权在服务型领导对员工建言行为影响过程中的中介作用，权力距离在心理所有权对员工建言行为影响过程中的调节作用。进一步构建结构方程模型。

第四节 研究对象

本研究采取随机抽样和方便抽样的方法，对来自河南省内不同行业、不同层次的管理者和员工进行问卷调查。调查过程主要依靠研究者本人发放问卷和委托他人发放问卷相结合的办法，在发放问卷前向调查对象说明本次调查的目的、内容以及应当注意的事项，采用不记名方式，以便参与调查的人员能安心如实作答。本次调查所涉及的有国有企业、民营企业、政府机关和事业单位等不同类型的单位。对回收的问卷进行审查，为确保所得数据的有效性，采取下列原则对数据进行剔除：(1) 剔除选择"不确定"选项超过题项一半的问卷；(2) 剔除空白题项超过题项一半的问卷；(3) 剔除答案呈现明显规律的问卷，如仅选择某一两个答案的问卷。此次调查共发放问卷200份，回收问卷194份，剔除无效问卷，回收的有效问卷185份，有效回收率95.36%。

本研究运用SPSS20.0统计软件对回收的185份样本进行了描述性分析，个体基本情况包括：性别、文化程度、年龄、工作年限、组织类型和组织规模。

（一）性别

从表6—2和表6—3可以看出，就样本被试者的性别而言，男性员工80人，占样本总数的43.2%，女性员工105人，占样本总数的56.8%；领导样本中男性有28人，占65.1%，女性有15人，占34.9%。

（二）文化程度

从表6—2和表6—3可以看出，员工样本被试者本科学历占到调查样本总数的43.2%；大专学历共有75人，占到调查样本总数的40.5%；硕士研究生及以上学历有11人，占到调查样本总数的5.9%。领导样本被试者本科学历占51.2%；大专学历占25.6%；硕士研究生及以上学历占14.0%；高中、中专或技校占9.3%。

（三）年龄

从表6—2和表6—3可以看出，样本被试者中员工的年龄在20岁以下的有5人，占样本总数的2.7%；20—30岁的有133人，占样本总数的71.9%；30—40岁的有40人，占样本总数的21.6%，40—50岁的有6人，占样本总数的3.2%；50岁以上的有1人，占样本总数的0.5%。领导样本中的年龄在30岁以下的有7人，占样本总数的16.3%；30—40岁的有28人，占样本总数的65.1%；40—50岁的有7人，占样本总数的16.3%；50岁以上的有1人，占样本总数的2.3%。

（四）总工作年限

从表6—2和表6—3可以看出，样本被试者中员工的工作年限在1年以内的有20人，占样本总数的10.8%；1—3年的有48人，占样本总数的25.9%；3—7年的有73人，占样本总数的39.5%；7—10年的有19人，占样本总数的10.3%；10—20年的有22人，占样本总数的 11.9%；20 年以上的有 3 人，占样本总数的 1.6%。样本被试者中领导的工作年限在 10 年以内的有 23 人，占样本总数的 53.5%；10—20 年的有 13 人，占样本总数的 30.2%；20 年以上的有 7 人，占样本总数的 16.3%。

表 6—2　　　　　　员工样本的人口统计学特征描述结果

变量	分类	样本数（个）	有效百分比（%）	累计百分比（%）
性别	男	80	43.2	43.2
	女	105	56.8	100.0
年龄	20 岁以下	5	2.7	2.7
	20—30 岁	133	71.9	74.6
	30—40 岁	40	21.6	96.2
	40—50 岁	6	3.2	99.5
	50 岁以上	1	0.5	100.0
文化程度	初中及以下	1	0.5	0.5
	高中、中专或技校	16	8.6	9.2
	大专	75	40.5	49.7
	本科	80	43.2	93.0
	硕士	11	5.9	98.9
	博士	2	1.1	100.0
工作年限	1 年以内	20	10.8	10.8
	1—3 年	48	25.9	36.8
	3—7 年	73	39.5	76.2
	7—10 年	19	10.3	86.5
	10—20 年	22	11.9	98.4
	20 年以上	3	1.6	100.0
目前职位工作年限	1 年以内	24	13.0	13.0
	1—5 年	56	30.3	43.2
	6—10 年	81	43.8	87.0
	10—20 年	13	7.0	94.1
	20 年以上	11	5.9	100.0

续表

变量	分类	样本数（个）	有效百分比（%）	累计百分比（%）
组织类型	国有企业	75	40.5	40.5
	民营企业	42	22.7	63.2
	政府机关	23	12.4	75.7
	事业单位	45	24.3	100.0
组织规模	100人以下	40	21.6	21.6
	100—500人	61	33.0	54.6
	500—1000人	15	8.1	62.7
	1000人以上	69	37.3	100.0

表6—3　　领导样本的人口统计学特征描述结果

变量	分类	样本数（个）	有效百分比（%）	累计百分比（%）
性别	男	28	65.1	65.1
	女	15	34.9	100.0
年龄	30岁以下	7	16.3	16.3
	30—40岁	28	65.1	81.4
	40—50岁	7	16.3	97.7
	50岁以上	1	2.3	100.0
	高中、中专或技校	4	9.3	9.3
	大专	11	25.6	34.9
	本科	22	51.2	86.0
	硕士	6	14.0	100.0
工作年限	10年以内	23	53.5	53.5
	10—20年	13	30.2	83.7
	20年以上	7	16.3	100.0
目前职位工作年限	1年以内	1	2.3	2.3
	1—5年	23	53.5	55.8
	6—10年	9	20.9	76.7
	10—20年	8	18.6	95.3
	20年以上	2	4.7	100.0

（五）目前职位工作年限

从表6—2和表6—3可以看出，样本被试者中员工的目前职位工作年限在1年以内的有24人，占样本总数的13.0%；1—5年的有56人，占样本总数的30.3%；6—10年的有81人，占样本总数的43.8%；10—20年的13人，占样本总数的7.0%；20年以上的有11人，占样本总数的5.9%。样本被试者中领导的目前职位工作年限在1年以内的有1人，占样本总数的2.3%；1—5年的有23人，占样本总数的53.5%；6—10年的有9人，占样本总数的20.9%；10—20年的8人，占样本总数的18.6%；20年以上的有2人，占样本总数的4.7%。

（六）组织类型

从组织类型的构成来看，国有企业占40.5%，民营企业占22.7%，政府机关占12.4%，事业单位占24.3%。

（七）组织规模

从组织规模的构成来看，1000人以上的单位占37.3%，100人以下的占21.6%，100—500人的占33.0%，500—1000人的占8.1%。

第五节 测量工具

信度代表了量表测验结果的可靠和稳定程度，包括分半信度、重测信度和内部一致性信度。在实际的应用中，多以Cronbach内部一致性信度系数来代表量表信度的大小。当信度系数大于0.6时是可以接受的区间，0.7—0.8表示信度系数较好，0.8以上表示信度非常好，对于分量表来说0.7以上属于较好。而对于推断变量因果关系为目的的研究对于信度系数的要求是0.8以上。

效度分析是指采用问卷测量出的结果能真实反映某个变量的程

度，包含内容效度、效标效度和结构效度三个方面的内容。内容效度反映的是测量题项"看上去"是否符合测量的目的和要求，效标效度反映的是根据已经确定的某种理论，选择一种指标或工具作为准则，分析题项与准则之间的联系。由于本研究中采用的是国内外比较成熟的量表，与之相关的理论基础比较强，因此本研究具有较好的内容效度和效标效度。变量的结构效度可以用探索性因子分析和验证性因子分析来验证。探索性因子分析选用 SPSS20.0，进行 KMO 球形检验，确保数据适合进行因子分析。根据 Kaiser 给出的 KMO 度量标准：0.9 以上表示非常适合；0.8 表示适合；0.7 表示一般；0.6 表示不太适合；0.5 以下表示极不适合。运用主成分分析法和方差最大化的方法，选出特征值大于 1 的因子。对于题项在每个因子上的负载，因子载荷最大，且大于 0.4 的原则。最后探索性因子分析采用 Mplus7.0 对变量的测量模型进行评价。结构方程模型（SEM）评价的主要是看模型的拟合度，若模型对样本数据的拟合度良好，则表明该模型的有效性得到检验。要验证一个理论模型与观测数据的拟合度是否良好，需要一系列的指标来判定，现在被广泛推崇和认可的指标有卡方与自由度的比值（χ^2/df）、近似误差均方根（RESMEA）。这两个指标均可表明模型的拟合程度，其中 χ^2/df 是受样本量和参数统计量的指标，一般该指数小于 5，可认为拟合度较好，小于 3 拟合效果更佳；近似误差均方根则不受样本大小的影响，一般不应大于 0.10，小于 0.06 与模型的拟合程度更好。还有一些常用的拟合指标有 CFI、TLI，这些指标若大于 0.90，则表明拟合度较好。

一 建言行为量表

采用 Liang 和 Farh 等修订后的员工建言行为二维量表。量表中促进性建言和抑制性建言各有 5 个题项，问卷采用 Likert 的五点评分法，即 5 = "非常符合"；4 = "比较符合"；3 = "不确定"；2 = "比较不符合"；1 = "非常不符合"。各个题项均为正向计分，被调查者得分越高表示其在组织中表现出来的建言行为越多。此量表的信度系数 α 为 0.930，促进性建言维度信度系数 α 为 0.918，抑制性建言维度信度系数 α 为 0.878。

表 6—4　　　　　　　　Liang 和 Farh 等建言行为量表

维度	题项
促进性建言	1. 针对可能影响组织的问题积极提出建议
	2. 积极建言有利于组织的新项目
	3. 提出建议来改善组织的工作流程
	4. 主动表达具有建设性意见来帮助组织实现其目标
	5. 提出有建设性的建议以提高组织的运行效率
抑制性建言	6. 建议其他同事不要做妨碍工作绩效的不良行为
	7. 诚实说出可能会对组织造成严重损失的问题，即使存在反对意见
	8. 敢于表达可能会影响组织工作效率的事情，即使会为难别人
	9. 敢于指出出现在组织中的问题，即使这会损害与其他同事的关系
	10. 主动向管理层汇报工作中的沟通和协调

资料来源：J. Liang, C. I. C. Farh, J. L. Farh, "Psychological Antecedents of Promotive and Prohibitive Voice: A Two-Wave Examination", *Academy of Management Journal*, Vol. 55, 2012, pp. 71–92。

通过对建言行为量表进行探索性因子分析，其 KMO 值为 0.921，表明量表适合做因子分析，通过主成分分析法和方差最大化法抽出 2 个因子，累积方差解释率为 72.217%，各题项均具有较高的因子载荷，不存在因子载荷过低的题项；从各题项的负载上来看，相应的题项均负载到了适合的因子上。图 6—3 是验证性因素分析的结果（标准化路径图），它验证了建言行为二因素结构模型的合理性，其各项拟合性指数均达到要求：χ^2/df = 4.73（p < 0.001），表明模型拟合较好；RMSEA = 0.02，小于 0.06 表明模型

匹配较理想；TLI = 0.919，CFI = 0.939。因此，建言行为二因素模型得到了验证，量表结构效度良好。

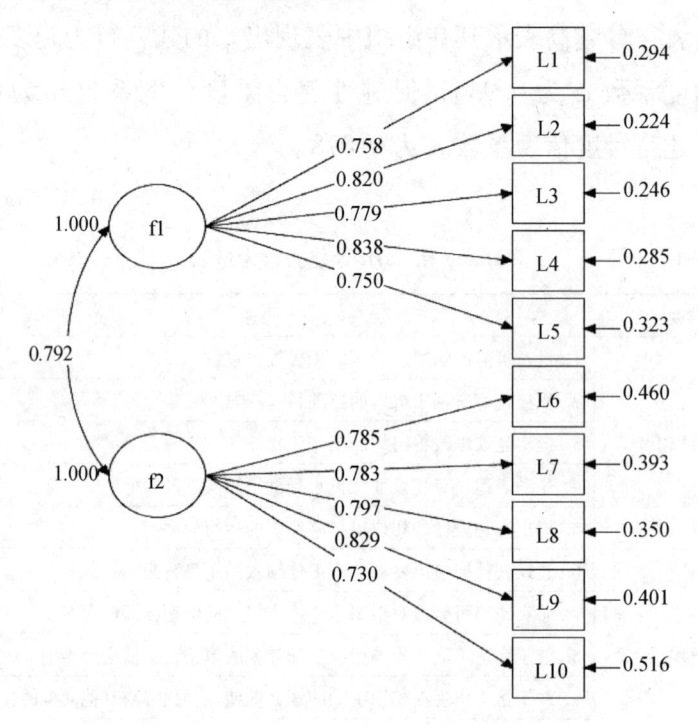

图6—3 建言行为量表的验证性因子分析

注：f1为促进性建言；f2为抑制性建言；L1—L10为各题项。

二 服务型领导量表

本研究采用了孙健敏、王碧英开发的本土化量表，共包括以下5个维度：情绪抚慰、劝说引导、利他的使命感、预见性智慧以及社会责任感，总共15个题项，其中每个维度都有3个题项。问卷采用Likert的五点评分法，即5 = "非常符合"；4 = "比较符合"；3 = "不确定"；2 = "比较不符合"；1 = "非常不符合"。各个题项均为正向计分。被调查者得分越高表示其行为表现与服务型领导行为越相近。此量表的信度系数α为0.958。各维度信度系数α分别为0.943、0.891、0.870、0.819、0.891，信度系数较高，表明该量表在本研究中具有较高的可靠性。

表6—5　　　　　　　孙健敏、王碧英服务型领导量表

维度	题项
情绪抚慰	1. 我的上级领导在帮助下属克服情绪问题方面具有天赋
	2. 我的上级领导能够帮助下属从不良的情绪中转变过来
	3. 我的上级领导善于帮助下属调节情绪方面的问题
劝说引导	4. 我的上级领导鼓励下属对单位的发展前景充满希望
	5. 我的上级领导非常具有说服力
	6. 我的上级领导提供了强有力的理由来说服下属做事
利他的使命感	7. 我的上级领导不惜牺牲自身的利益来满足下属的需要
	8. 我的上级领导将下属的最大利益置于自身的利益之上
	9. 我的上级领导尽自己所能为下属提供服务
预见性智慧	10. 我的上级领导似乎知道未来要发生什么事情
	11. 我的上级领导善于预测决策的一系列后果
	12. 我的上级领导关注正在发生的事情
社会责任感	13. 我的上级领导时刻准备着让单位为社区发展发挥更加积极的作用
	14. 我的上级领导看到了单位为社会做出贡献的潜力
	15. 我的上级领导鼓励下属在工作场所中发扬集体主义精神

资料来源：孙健敏、王碧英《公仆型领导：概念的界定与量表的修订》，《商业经济与管理》2010年第5期。

对服务型领导量表进行探索性因子分析，其 KMO 值为 0.948，量表适合做因子分析，通过主成分分析法和方差最大化法抽出 5 个因子，累积方差解释率为 83.814%，各题项均具有较高的因子载荷，不存在因子载荷过低的题项，从各题项的负载上来看，相应的题项均负载到了适合的因子上。图 6—4 是验证性因素分析的结果（标准化路径图），它验证了服务型领导五因素结构模型的合理性，其各项拟合性指数均达到要求：$\chi^2/df = 4.22$（$p < 0.001$），表明模型拟合较好；RMSEA = 0.07，小于 0.08 表明模型匹配也较理想；

TLI = 0.933，CFI = 0.949。因此，服务型领导五因素模型得到了验证，量表结构效度良好。

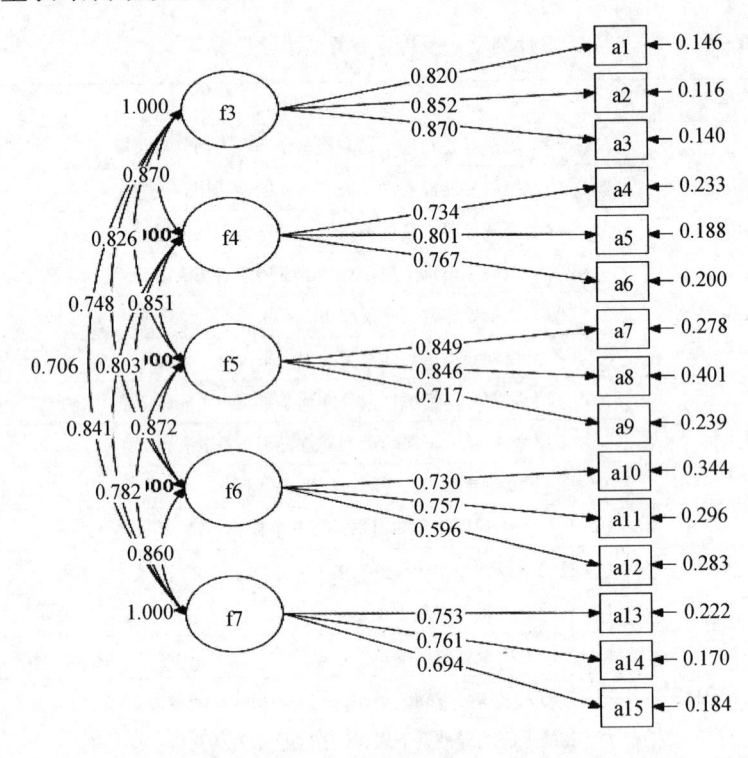

图6—4 服务型领导量表的验证性因子分析

注：f3 为情绪抚慰；f4 为劝说引导；f5 为利他的使命感；f6 为预见性智慧；f7 为社会责任感；a1—a15 为各题项。

三 变革型领导量表

我国学者李超平、时勘在多因素领导问卷基础之上，根据中国式管理情境特点修订并编制了具有中国特色的变革型领导问卷。问卷共计 26 个题项，其中，德行垂范有 8 个题项，愿景激励、领导魅力和个性化关怀这三个维度各有 6 个题项。问卷采用 Likert 的五点评分法，即 5 = "非常符合"；4 = "比较符合"；3 = "不确定"；2 = "比较不符合"；1 = "非常不符合"。各个题项均为正向计分。

被调查者得分越高表示其行为表现与变革型领导行为越相近。此量表的信度系数 α 为 0.985。各维度信度系数 α 分别为 0.963、0.948、0.954、0.963。

表6—6　　　　　　　　李超平、时勘变革型领导量表

维度	题项
德行垂范	1. 廉洁奉公，不图私利
	2. 吃苦在前，享受在后
	3. 不计较个人得失，尽心尽力工作
	4. 为了组织利益，能牺牲个人利益
	5. 能把自己个人的利益放在组织和他人利益之后
	6. 不会把别人的劳动成果据为己有
	7. 能与员工同甘共苦
	8. 不会给员工穿小鞋，搞打击报复
愿景激励	9. 能让员工了解组织的发展前景
	10. 能让员工了解本组织的经营理念和发展目标
	11. 会向员工解释所做工作的长远意义
	12. 向大家描绘了令人向往的未来
	13. 能给员工指明奋斗目标和前进方向
	14. 经常与员工一起分析其工作对组织总体目标的影响
领导魅力	15. 业务能力过硬
	16. 思想开明，具有较强的创新意识
	17. 热爱自己的工作，具有很强的事业心和进取心
	18. 对工作非常投入，始终保持高度的热情
	19. 能不断学习，以充实提高自己
	20. 敢抓敢管，善于处理棘手问题
个性化关怀	21. 在与员工打交道的过程中，会考虑员工个人的实际情况
	22. 愿意帮助员工解决生活和家庭方面的难题
	23. 能经常与员工沟通交流，以了解员工的工作、生活和家庭情况
	24. 耐心地教导员工，为员工答疑解惑
	25. 关心员工的工作、生活和成长，真诚地为他们的发展提建议
	26. 注重创造条件，让员工发挥自己的特长

资料来源：李超平、时勘《变革型领导的结构与测量》，《心理学报》2005年第37卷第6期。

140　服务型领导与员工建言行为

　　对变革型领导量表进行探索性因子分析，其 KMO 值为 0.976，量表适合做因子分析，通过主成分分析法和方差最大化法抽出 4 个因子，累积方差解释率为 82.154%，最后从各题项的负载上来看，相应的题项均负载到了适合的因子上。图 6—5 是验证性因素分析的结果（标准化路径图），它验证了变革型领导四因素结构模型的

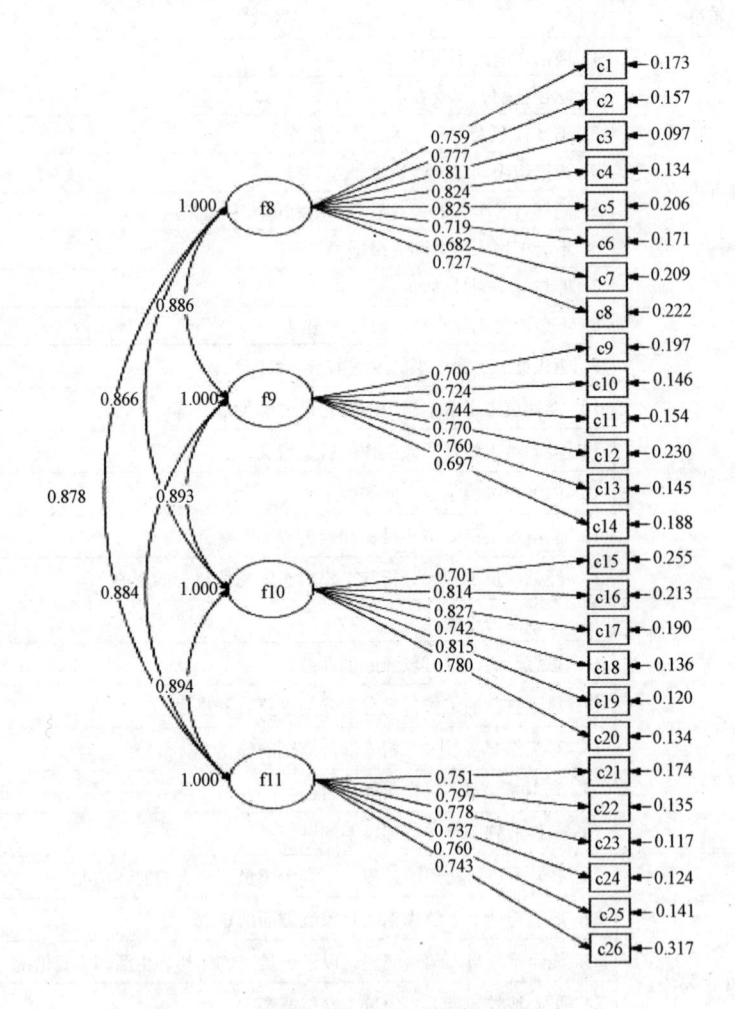

图 6—5　变革型领导量表的验证性因子分析

注：f8 为德行垂范；f9 为愿景激励；f10 为领导魅力；f11 为个性化关怀；c1—c26 为各题项。

合理性，其各项拟合性指数均达到要求：$\chi^2/df = 3.82$（$p < 0.001$），表明模型拟合较好；RMSEA = 0.08，表明模型匹配也较理想，亦处在可接受的范围之内；TLI = 0.926，CFI = 0.933。因此，变革型领导四因素模型得到了验证，量表结构效度良好。

四 家长式领导量表

本研究采用我国台湾学者郑伯埙、周丽芳和樊景立所编制的家长式领导量表（PLS），分为仁慈领导、德行领导和权威领导三个维度，来测量团队领导者的行为。该量表共33个题目，仁慈领导分量表11个题目，德行领导分量表9个题目，权威领导分量表13个题目。其中第12、13、14题项为反向计分。问卷采用Likert的五点评分法，即5 = "非常符合"；4 = "比较符合"；3 = "不确定"；2 = "比较不符合"；1 = "非常不符合"。被调查者得分越高表示其行为表现与家长式领导行为越相近。该量表得到了众多学者的实证验证，内部一致性信度和内容效度都较为理想。此量表的信度系数α为0.854。各维度信度系数α分别为0.957、0.846、0.951。

表6—7　　　　　　　家长式领导量表具体维度和题项

维度	题项
仁慈领导	1. 他/她关心我个人的日常生活
	2. 他/她平时会向我嘘寒问暖
	3. 对相处较久的部属，他/她会无微不至的照顾
	4. 他/她会根据我的个人需要来满足我的要求
	5. 他/她对我的照顾会扩及我的家人
	6. 他/她会帮我解决生活上的难题
	7. 当我碰到生活难题时，他/她会及时给我适当的鼓励
	8. 当我工作表现不佳时，他/她会去了解真正的原因所在
	9. 当我犯错时，他/她会给我改正的机会

续表

维度	题项
	10. 他/她不会当着同人的面，给我难堪
	11. 对于我工作上所缺乏的能力，他/她会给予适当的教育与指导
德行领导	12. 得罪他/她时，他/她会公报私仇
	13. 他/她会利用职位搞特权
	14. 工作纰漏时，他/她会推卸责任
	15. 他/她不会占我的小便宜
	16. 他/她不会因个人的利益去拉关系、走后门
	17. 他/她为人正派，不会假公济私
	18. 他/她对待我们公正无私
	19. 他/她是我做人做事的好榜样
	20. 他/她能够以身作则
权威领导	21. 他/她要求我完全服从他的领导
	22. 当我当众反对他/她时，会遭到冷言讽刺
	23. 他/她心目中的模范部属，必须对他/她言听计从
	24. 本单位内大小事情都由他/她独自决定
	25. 开会时，都会照他/她的意思作最后的决定
	26. 他/她不把重要信息透露给我们知道
	27. 他/她很少让我们察觉他真正的意图
	28. 在我们面前，他/她表现出威严的样子
	29. 与他/她一起工作时，他/她带给我很大的压力
	30. 他/她采用严格的管理方法与手段
	31. 当任务无法达成时，他/她会斥责我们
	32. 他/她强调我们的工作表现一定要超过其他部门/单位
	33. 他/她遵照原则办事，触犯者会受到严厉的处罚

资料来源：郑伯埙、周丽芳、樊景立《家长式领导：三元模式的构建与测量》，《本土心理学研究》2000年第14期。

对家长式领导量表进行探索性因子分析，其 KMO 值为 0.945，量表适合做因子分析，通过主成分分析法和方差最大化法抽出 3 个因子，累积方差解释率为 67.001%，相应的题项均负载到了适合的

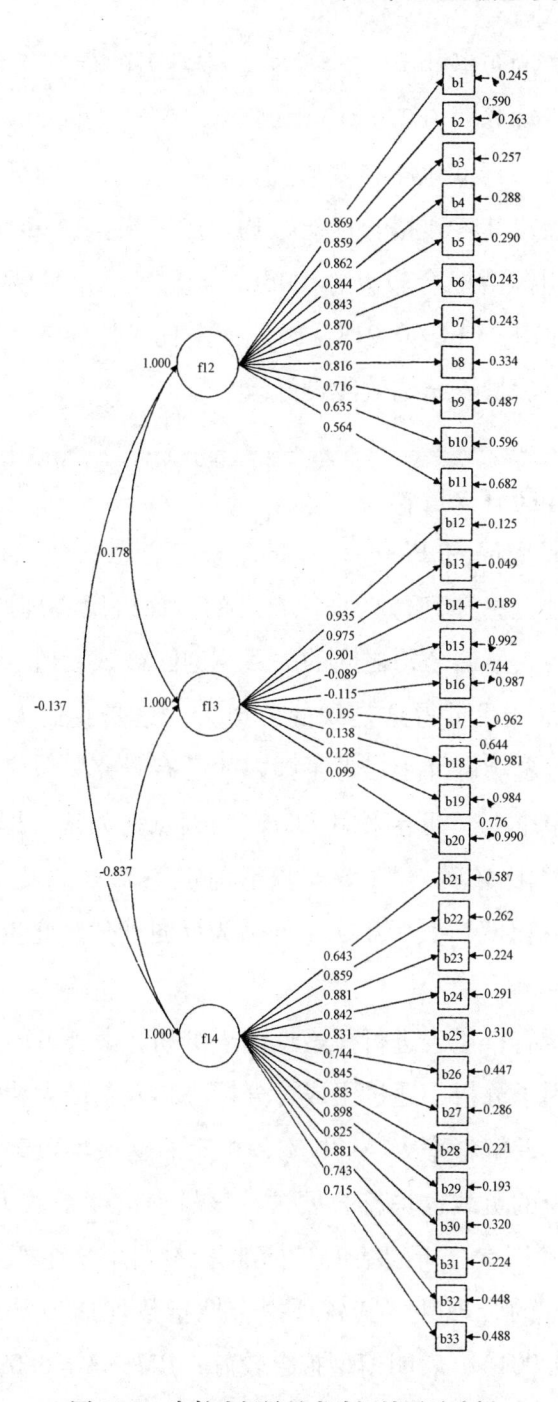

图 6—6　家长式领导量表验证性因子分析

注：f12 为仁慈领导；f13 为德行领导；f14 为权威领导；b1—b33 为各题项。

因子上，对应的负载也均符合要求。该量表的信度系数为0.913，各维度信度系数分别为0.950、0.956、0.962。图6—6是验证性因素分析的结果（标准化路径图），它验证了家长式领导三因素结构模型的合理性，其各项拟合性指数均达到要求：$\chi^2/df = 3.41$（$p < 0.001$），表明模型拟合较好；RMSEA = 0.08，表明模型匹配较理想；TLI = 0.910，CFI = 0.918。因此，家长式领导三因素模型得到了验证，调整后量表结构效度良好。

五 心理所有权量表

采用 Van Dyne 和 Pierce 开发的量表，心理所有权共7个条目，衡量个体心理上感知到什么是他自己的。如组织心理所有权量表，描述了个体与其所属公司之间的关系，询问被试者对这些描述的同意程度，诸如"我觉得这是我的公司""这是我们大家的公司"，等等。同时，题项翻译上参考了国内的已有研究，该变量包含心理所有权这个单维度。问卷采用 Likert 的五点评分法，即5 = "非常符合"；4 = "比较符合"；3 = "不确定"；2 = "比较不符合"；1 = "非常不符合"。其中第7个问项为反向计分。此量表的信度系数 α 为0.764。

对心理所有权量表进行探索性因子分析，其 KMO 值为0.759，量表适合做因子分析，通过主成分分析法和方差最大化法抽出1个因子，累积方差解释率为46.03%，相应的题项均负载到了适合的因子上，对应的负载也均符合要求。该量表信度系数为0.840，图6—7是验证性因子分析的结果（标准化路径图），它验证了心理所有权结构模型的合理性，其各项拟合性指数均达到要求：$\chi^2/df = 3.245$（$p < 0.001$），表明模型拟合较好；RMSEA = 0.09，小于0.1表明模型匹配理想；TLI = 0.906，CFI = 0.955，均符合要求。因此，心理所有权结构模型得到了验证，量表结构效度良好。

表 6—8　　　　　　　Van Dyne 和 Pierce 心理所有权量表

编号	题目
1	我觉得这是我的单位
2	我觉得这个单位是我们大家的
3	对于这个单位，我觉得自己有很高的拥有感
4	我把单位看作是自己的
5	这是我们大家的单位
6	大多数为这个组织工作的人感觉他们拥有这家单位
7	我很难把这个单位看成是我们的

资料来源：L. Van Dyne, J. L. Pierce, "Psychological Ownership and Feelings of Possession: Three Field Studies Predicting Employee Attitudes and Organizational Citizenship Behavior", *Journal of Organizational Behavior*, Vol. 25, 2004, pp. 439–459。

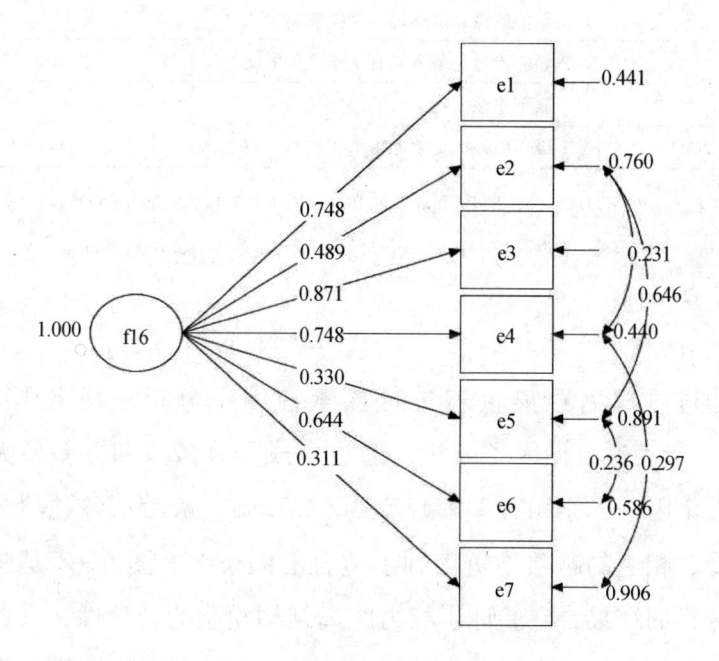

图 6—7　心理所有权量表的验证性因子分析

注：f16 为心理所有权；e1—e7 为各题项。

六 权力距离量表

采用 Dorfman 等开发的问卷测量个体权力距离，该变量包含权力距离这个单维度。采用 Likert 的七点量表，1 = "为非常不符合"，7 = "为非常符合"，由下属填写。所有题项均为正向计分。此量表的信度系数 α 为 0.887。

表6—9　　　　　　　　　Dorfman 等权力距离量表

编号	题目
1	领导做决策时不需要征询我的意见
2	领导应该拥有一些特权
3	领导不应该和员工过多交换意见
4	领导应当避免与下属有工作之外的交往
5	下属不应该反对上级的决定
6	上级不应该把重要的事情授权给下属去解决

资料来源：P. W. Dorfman, J. P. Howell, "Dimensions of National Culture and Effective Leadership Patterns: Hofstede Revisited", *Advances in International Comparative Management*, Vol. 10, 1988, pp. 127–150。

通过对权力距离量表进行探索性因子分析，其 KMO 值为 0.882，量表适合做因子分析，通过主成分分析法和方差最大化法抽出 1 个因子，累积方差解释率为 64.22%，最后从各题项的负载上来看，相应的题项均负载到了适合的因子上。图 6—8 是验证性因素分析的结果，它验证了权力距离结构模型的合理性，其各项拟合性指数均达到要求：$\chi^2/df = 4.72$（$p < 0.001$），表明模型拟合较好；RMSEA = 0.07，小于 0.08 表明模型匹配也较理想；TLI = 0.935，CFI = 0.961 符合要求。因此，权力距离结构模型得到了验证，量表结构效度良好。

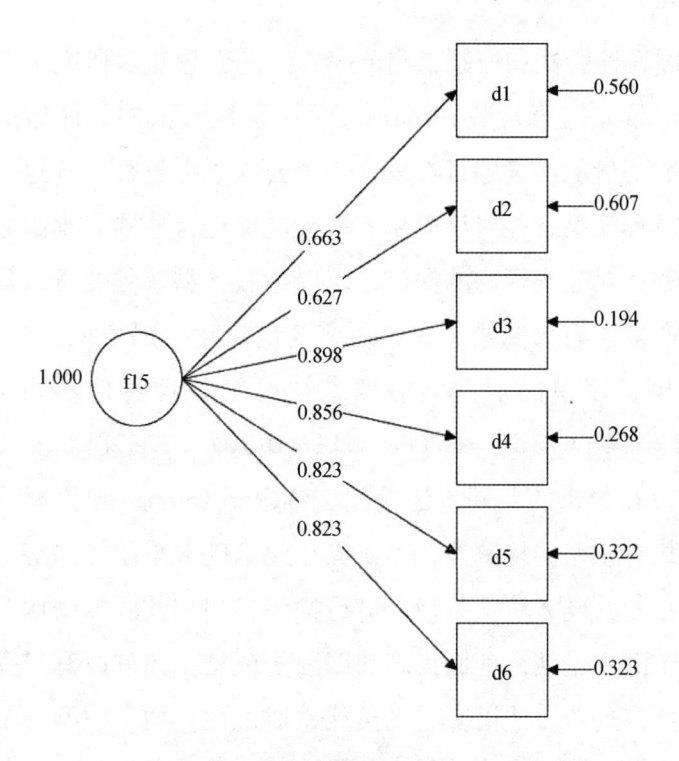

图 6—8　权力距离量表验证性因子分析

注：f15 为权力距离；d1—d6 为各题项。

七　可能存在的共同方法偏差检验

　　共同方法偏差是一种系统误差，它是由于人为共变因素对研究结果产生严重的混淆并对结论有潜在的误导而产生的。共同方法偏差是指由于同样的数据来源或者评分者、同样的测量环境、项目语境以及项目本身特征所造成的预测变量与结果变量之间的人为共变。共同方法偏差心理学、行为科学和教育科学的研究中广泛存在，尤其是在采用问卷调查的研究中。近年来学者们对共同方法偏差的研究越来越多，如何避免这种系统误差就成为众多研究者关注的热点。本书的研究主要采用了问卷调查法，因此有必要检验是否存在共同方法偏差。由于本研究中多个变量数据均由同一个员工填答，且采用问卷调查法，有可能存在共同方法偏差效应，采用 Harman 单因素检验法和控制未测单一方法潜变量法对研究可能存在的共同方法偏差进行检验。Harman 单因素检验法的具体做法是，让所有研究变量的测量题目都只在一个公因子上负载，构建一个单因子结构方程模型，并对该模型的拟合情况进行检验。本研究主要是服务型领导对建言行为的探讨，所以把服务型领导变量、建言行为变量、心理所有权变量和权力距离变量构建单因子结构方程模型，结果表明，该单因子模型的拟合情况很不理想，$\chi^2/df = 4.56$，RMSEA = 0.139，CFI = 0.111，TLI = 0.104，一定程度上说明本研究并不存在严重的共同方法偏差。考虑到 Harman 单因素检验法只是一种相对粗略的检测法，本研究在此基础上采用控制潜变量法对测量存在的共同方法偏差情况进行检验，即将共同方法偏差的效应作为一个潜变量纳入前面提到的四因子模型，允许所有研究变量的测量题项在这个方法潜变量上负载，通过比较两个模型的拟合程度差异来检验共同方法偏差效应。由表 6—10 结果可知，纳入了共同方法偏差潜变量的模型各项拟合指标较四因子模型的拟合指标降低，这说明本研究测量中存在的共同方法偏差并不严重。

表 6—10　　　　　　　　　　　模型比较结果

模型	χ^2/df	CFI	TLI	RMSEA
单因子模型	4.56	0.111	0.104	0.139
双因子模型	4.09	0.601	0.577	0.131
三因子模型	3.00	0.740	0.726	0.105
四因子模型	1.52	0.936	0.929	0.054
四因子模型 + 共同方法因子	2.56	0.799	0.787	0.093

注：单因子模型 = 服务型领导 + 心理所有权 + 权力距离 + 建言行为。
　　双因子模型 = 服务型领导 + 心理所有权；权力距离 + 建言行为。
　　三因子模型 = 服务型领导；心理所有权 + 权力距离；建言行为。
　　四因子模型 = 服务型领导；心理所有权；权力距离；建言行为。

第七章

结果与讨论

第一节 人口统计学变量检验

对控制变量即人口统计学变量进行独立样本 T 检验和方差分析是为了找出可能会影响到中介变量和因变量的人口统计学因素,并在统计模型中加以控制。并提出如下假设:

假设 1（H1）:人口统计学变量与员工的建言行为显著相关。

假设（H1—1）:员工的性别、年龄、文化程度、工作年限、单位性质和单位规模等不同,其促进性建言行为存在显著差异。

假设（H1—2）:员工的性别、年龄、文化程度、工作年限、单位性质和单位规模等不同,其抑制性建言行为存在显著差异。

一 员工性别对建言行为和心理所有权影响的 T 检验分析

本研究运用独立样本 T 检验分析建言行为及其两个维度和心理所有权在性别上的差异,结果见表 7—1。

表 7—1　性别对建言行为和心理所有权影响的 T 检验分析结果

变量	性别	均值	标准差	方差齐性检验 F 值	方差齐性检验 Sig.	T 值	自由度	Sig.
建言行为	男	3.621	0.7271	0.068	0.795	-2.903	182	0.004
	女	3.937	0.7323					
促进性建言	男	3.676	0.804	1.369	0.239	-2.438	182	0.016
	女	3.960	0.765					
抑制性建言	男	3.558	0.758	0.567	0.452	-3.037	183	0.003
	女	3.914	0.816					
心理所有权	男	3.335	0.888	0.035	0.851	-2.540	183	0.012
	女	3.676	0.921					

从表 7—1 可以看出，四个变量的方差齐性检验的 P 值均大于 0.05，说明满足方差齐性检验。T 检验的结果显示 P 值均小于 0.05，说明组织中的男女员工的建言行为、促进性建言行为、抑制性建言行为和心理所有权存在显著差异。以往对于性别变量的研究显示，在中国情境下男性员工相较于女性员工会更愿意建言，而有学者通过实证文献进行元分析，结果发现性别与建言行为无显著相关。本实证研究结果为女性表现出的建言行为和心理所有权要显著多于男性，这是由于本研究对象大多数来源于事业单位，女性员工相对较多，在当今社会，女性员工在单位中的比例逐渐上升，与男性并肩作战，随着社会的不断发展，越来越多的人倡导男女平等观念，女性的思想观念以及对事物的看法也越发接近于男性。随着时代的进步，男性和女性的社会角色在逐渐发生变化，相比于男性，社会同样给予女性越来越高的期望，大多数女性也要靠自己的努力去成就事业，根据 Pierce 的心理所有权生成路径理论，更多的投入更可能导致心理所有权的产生，因此，在工作中，女性为了自己和组织的发展也同样会表现出建言行为和心理所有权。建言行为作为

组织公民行为的一种，具有一定的利他性，有研究显示女性比男性表现出更多的利他性，更乐于帮助他人。[①]

二　文化程度对建言行为和心理所有权影响的单因素方差分析

由表7—2可知建言行为及其两个维度在文化程度上的差异性均不显著，但文化程度对心理所有权存在显著影响，F=3.457，P=0.005，<0.01。由于至少一个组中的案例少于两个，因此未对心理所有权进行多重比较。从统计性描述的各个文化程度的均值来看，大专学历员工的心理所有权水平比硕士学历和本科学历都高，硕士学历比本科学历心理所有权水平高。这一方面可能与研究取样有关，另一方面也反映出并不是学历越高心理所有权水平就越高，大专及大专以下学历的员工大部分来自职业院校，有一定专业学习背景，且进入社会时间较早，工作经验较多，对工作和组织更为了解，会产生更高的心理所有权水平，另外这或许与随着学历的增高，各方面知识的扩展，高学历的员工自主性和自我意识更加强烈有关，这也与当下企业中高学历人才流失率大的现象不谋而合。

表7—2　　　　　　　　文化程度单因素方差分析结果

变量名	方差齐性检验		均值差异检验		差异
	Sig.	是否齐性	F值	Sig.	是否显著
建言行为	0.225	是	1.187	0.317	否
促进性建言	0.256	是	1.655	0.148	否
抑制性建言	0.239	是	1.629	0.155	否
心理所有权	0.127	是	3.457	0.005	是

[①] J. L. Farh, P. C. Earley, S. C. Lin, "Impetus for Action: A Cultural Analysis of Justice and Organizational Citizenship Behavior in Chinese Society", *Administrative Science Quarterly*, Vol. 42, 1997, pp. 421–444.

表7—3　　　　　不同文化程度在心理所有权上的得分结果　　　（单位：个）

文化程度	样本量	均值	标准差
初中及以下	1	28.000	—
高中、中专或技校	16	23.750	5.183
大专	75	27.026	4.535
本科	80	24.037	4.782
硕士	11	25.818	2.960
博士	2	24.000	9.899

三　年龄对建言行为和心理所有权影响的单因素方差分析

将员工年龄按照"20岁以下""20—30岁""31—40岁""41—50岁""50岁以上"分为5类，采用单因素方差分析来判断员工年龄对中介变量和结果变量的影响是否存在显著差异，结果如表7—4所示。从表中可看出，在置信度为95%的水平下，员工年龄对员工建言行为、心理所有权没有显著的影响（$P>0.05$）。另外，从均值统计可以发现，20—30岁这个年龄段的员工表现的建言行为、促进性建言行为和抑制性建言行为相对较高，对于心理所有权来说20—30岁和31—40岁年龄段得分较高，20岁以下和41—50岁年龄段在建言行为、促进性建言、抑制性建言以及心理所有权的得分上均相对较低，呈现一个倒U形，具有"两头低，中间高"的特点。原因可能是20岁以下的员工工作时间较短，对组织工作情况不甚了解，担心自己能力、经验不足，即使提出好的意见和建议也不会受到重视，因此不愿也不敢向上级建言，而41—50岁的员工受传统观念影响较深，思想相对比较保守，害怕变革。因为50岁以上年龄段的样本为1，本书不将其与其他年龄段均值比较。

表 7—4　　　　　　　　年龄单因素方差分析结果

变量名	均值					均值差异检验	
	20 岁以下	20—30 岁	31—40 岁	41—50 岁	50 岁以上	F 值	Sig.
建言行为	3.620	3.849	3.677	3.667	4.100	0.566	0.688
促进性建言	3.560	3.883	3.713	3.867	4.000	0.510	0.729
抑制性建言	3.680	3.815	3.620	3.467	4.200	0.732	0.571
心理所有权	3.486	3.632	3.661	3.333	3.143	0.461	0.764

四　总工作年限对建言行为和心理所有权影响的单因素方差分析

将员工总工作年限按照"1 年以下""1—3 年""3—7 年""7—10 年""10—20 年""20 年以上"分为 6 类，采用单因素方差分析，判断员工工作年限对中介变量和结果变量的影响是否存在显著差异，结果如表 7—5 所示。从表中可以看出，在置信度为 95%的水平下，员工的总工作年限对员工的建言行为、促进性建言行为、抑制性建言行为和心理所有权均无显著差异的影响（P > 0.05）。说明工作年限对员工建言行为、心理所有权的影响不大。另外，从均值统计可以发现，员工的促进性建言水平、抑制性建言水平以及心理所有权水平总体上均随着工作年限的增加而提高，但是在工作年限超过 20 年后，其建言水平、促进性建言行为、抑制性建言行为均有所下降。

表 7—5　　　　　　　总工作年限单因素方差分析结果

变量名	均值						均值差异检验	
	1 年以下	1—3 年	3—7 年	7—10 年	10—20 年	20 年以上	F 值	Sig.
建言行为	3.600	3.808	3.822	3.784	3.962	3.533	0.573	0.721
促进性建言	3.650	3.892	3.858	3.758	3.924	3.667	0.387	0.857
抑制性建言	3.550	3.725	3.787	3.811	3.946	3.400	0.661	0.653
心理所有权	3.263	3.443	3.562	3.724	3.682	3.600	0.697	0.626

五 目前职位工作年限对建言行为和心理所有权影响的单因素方差分析

将员工目前职位工作年限按照"1年以下""1—5年""5—10年""10—20年""20年以上"分为5类,采用单因素方差分析,判断员工目前职位工作年限对中介变量和结果变量的影响是否存在显著差异,结果如表7—6所示。从表中可以看出,在置信度为95%的水平下,员工的目前职位工作年限对员工的建言行为、促进性建言行为、抑制性建言行为和心理所有权均无显著差异的影响($P>0.05$)。说明目前职位工作年限对员工建言行为、心理所有权的影响不大。另外,从均值统计可以发现,员工的促进性建言水平、抑制性建言水平以及心理所有权水平总体上均随着目前职位工作年限的增加而提高。但是在工作年限超过20年后,其建言水平、促进性建言行为、抑制性建言行为均稍微有所下降。

表7—6 目前职位工作年限单因素方差分析结果

变量名	均值					均值差异检验	
	1年以下	1—5年	5—10年	10—20年	20年以上	F值	Sig.
建言行为	3.525	3.670	3.772	4.046	4.010	1.542	0.192
促进性建言	3.542	3.682	3.780	4.015	3.980	1.677	0.157
抑制性建言	3.508	3.657	3.763	4.077	3.927	1.202	0.311
心理所有权	3.292	3.446	3.548	3.519	3.591	0.936	0.444

对工作年限与建言行为以及心理所有权之间关系的单因素分析表明,工作年限高的员工倾向于表现出更多的建言行为和更高的心理所有权水平。这可能是由于员工的工作年限越长,其受组织文化的影响越深刻,对上级的领导风格、工作流程等越熟悉,产生较高

的心理所有权，所以无论是发现组织中潜在的问题还是向上级建言都更容易；工作年限高的员工，其资历较深，作为组织中的"前辈"受人尊重，提出的意见容易被别人接受，员工对意见不被采纳的风险感知较小，所以会积极的建言。员工的建言水平总体上随着工作年限的增加而增加，但是在工作年限超过20年后，其建言水平有所下降，至于原因，可以从以下几方面加以理解：随着工作年限的增长，员工对组织的情况就越了解，经验也越丰富，因此会产生更多的建言行为，但是另一方面，当达到二十几年甚至更长时间时，由于员工已经在组织中投入太多，会担心未来工作的连续性，而建言意味着变动或创新，他们害怕自己的工作会受到影响，因而保持沉默；还有一种可能是他们对组织中的问题已经习以为常，认为建言也不会有改善，故较少建言。

六 组织类型对建言行为和心理所有权影响的单因素方差分析

从表7—7可以看出组织类型对建言行为、促进性建言行为、抑制性建言行为和心理所有权存在显著差异。对不同组织类型进行多重比较分析，结果如下：

表7—7　　　　　　组织类型单因素方差分析结果

变量名	方差齐性检验		均值差异检验		差异
	Sig.	是否齐性	F值	Sig.	是否显著
建言行为	0.158	是	8.842	0.000	是
促进性建言	0.040	否	10.375	0.000	是
抑制性建言	0.734	是	8.958	0.000	是
心理所有权	0.643	是	4.238	0.006	是

表7—8　　　　　　　不同组织类型 LSD 法两两比较结果

变量名	分析方法	组织类型(I)	组织类型(J)	均值差(I-J)	标准误(S.E.)	Sig.
建言行为	LSD	国有企业	民营	3.76065**	1.36154	0.006
			政府机关	-4.55536**	1.67086	0.007
			事业单位	3.14222*	1.32183	0.018
		民营	政府机关	-8.31601***	1.82623	0.000
			事业单位	-0.61843	1.51347	0.683
		政府机关	事业单位	7.69758***	1.79683	0.000
心理所有权	LSD	国有企业	民营	0.69714	0.91038	0.445
			政府机关	2.24580*	1.12591	0.048
			事业单位	2.95111**	0.89072	0.001
		民营	政府机关	1.54865	1.22533	0.208
			事业单位	2.25397*	1.01348	0.027
		政府机关	事业单位	0.70531	1.21079	0.561

注：* 表示在 0.05 的水平上显著；** 表示在 0.01 的水平上显著；*** 表示在 0.001 的水平上显著。

LSD 分析的结果显示：组织类型对建言行为和心理所有权存在显著差异，从建言行为的得分上来看，得分较高的为政府机关和国有企业，在心理所有权上的得分较高的为国有企业，这说明政府机关、国有企业员工相比其他企业员工建言行为比较多，国有企业的员工心理所有权也比较高。这可能是因为政府机关、国有企业工作稳定，压力小，更容易产生心理所有权和建言行为。

七　组织规模对建言行为和心理所有权影响的单因素方差分析

从表7—9可知组织规模对建言行为、促进性建言行为、抑制性建言行为和心理所有权存在显著差异。对不同组织规模进行多重比较分析，结果如下：

表7—9　　　　　　　组织规模单因素方差分析结果

变量名	方差齐性检验		均值差异检验		差异是否显著
	Sig.	是否齐性	F值	Sig.	
建言行为	0.504	是	12.160	0.000	是
促进性建言	0.783	是	12.415	0.000	是
抑制性建言	0.541	是	9.779	0.000	是
心理所有权	0.266	是	6.867	0.000	是

表7—10　　　　　　不同组织规模LSD法两两比较结果

变量名	分析方法	组织规模（I）	组织规模（J）	均值差（I-J）	标准误（S.E.）	Sig.
建言行为	LSD	100人以下	100—500人	5.90000***	1.39764	0.000
			500—1000人	5.91667**	2.07304	0.005
			1000人以上	-0.46014	1.36069	0.736
		100—500人	500—1000人	0.01667	1.97656	0.993
			1000人以上	-6.36014***	1.20864	0.000
		500—1000人	1000人以上	-6.37681**	1.95061	0.001
心理所有权	LSD	100人以下	100—500人	0.68402	0.91692	0.457
			500—1000人	-0.57500	1.36449	0.674
			1000人以上	-3.49964***	0.89562	0.000
		100—500人	500—1000人	-1.25902	1.29886	0.334
			1000人以上	-4.18365***	0.79204	0.000
		500—1000人	1000人以上	-2.92464*	1.28391	0.024

注：* 表示在0.05的水平上显著；** 表示在0.01的水平上显著；*** 表示在0.001的水平上显著。

LSD分析的结果显示：100人以下的组织规模与100—500人、500—1000人的组织规模的建言行为存在显著差异，且得分高于

100—500人、500—1000人的组织规模，1000人以上的组织规模与100—500人、500—1000人的组织规模存在显著差异，且得分高于100—500人、500—1000人的组织规模，而100人以下与1000人以上的组织规模不存在显著差异。这说明在100人以下和1000人以上的组织中建言行为出现的较多。可能的原因是100人以下的组织规模，员工的企业责任意识相对越强，而且提出建议得到反馈的概率较大，所以员工更乐于采取建言行为。这与朱志莹的研究结果一致。心理所有权的LSD结果显示1000人以上规模的组织与100人以下、100—500人和500—1000人规模的组织存在显著差异，且得分大于其他组织规模，而本研究1000人以上的组织主要来源于国有企业，由上一节的不同组织类型多重比较分析结果可知，国有企业员工建言行为较多并且心理所有权也较高，在这里再次得到验证。

其他人口统计学变量对建言行为和心理所有权影响的单因素方差分析结果为：年龄、工作年限、目前职位工作年限对建言行为、促进性建言行为、抑制性建言行为和心理所有权均不存在显著差异。对于所选样本来说，这表明员工的建言行为不会随着年龄、工作年限、目前职位工作年限的变化而发生显著变化。

综上所述，建言行为、促进性建言行为和抑制性建言行为在年龄、文化程度、工作年限、目前职位工作年限上均无显著差异；心理所有权在年龄、工作年限、目前职位工作年限上均无显著差异。性别、组织规模和组织类别能够显著影响建言行为、促进性建言行为、抑制性建言和心理所有权的水平，另外文化程度还能够显著影响心理所有权的水平。因此，H1、H1-1、H1-2均部分成立。性别、文化程度、组织类别、组织规模等人口统计学变量会影响到自变量对于中介变量和因变量的回归结果，所以本研究将这几个变量设为控制变量，并加入到回归模型中。

第二节　领导风格对员工建言行为的影响

一　服务型领导对员工建言行为的影响
（一）变量间相关关系检验

变量之间的相关性由相关分析来描述，在假设检验前先对各个研究变量之间的关系进行初步的分析。此方法中，学者会选用 Pearson 系数反映各个变量间的关系，该系数介于 -1 与 1 之间，其绝对值代表相关性的大小。Pearson 系数的绝对值越大表示两变量之间的关联性越强，相反，绝对值越小表示关联性越弱。Pearson 系数为正值时表示两变量之间为正向影响，负值表示呈负向影响。

表 7—11　　　各变量相关关系量表结果

	1	2	3	4	5	6	7	8	9	10
1 建言行为	1									
2 促进性建言	0.929**	1								
3 抑制性建言	0.932**	0.731**	1							
4 服务型领导	0.260**	0.205**	0.280**	1						
5 情绪抚慰	0.236**	0.198**	0.245**	0.873**	1					
6 劝说引导	0.228**	0.188*	0.238**	0.866**	0.763**	1				
7 利他使命感	0.218**	0.148*	0.255**	0.877**	0.729**	0.658**	1			
8 预见性智慧	0.254**	0.219**	0.258**	0.846**	0.616**	0.623**	0.717**	1		
9 社会责任感	0.180*	0.129	0.207**	0.838**	0.600**	0.666**	0.655**	0.720**	1	
10 权力距离	0.026	-0.052	0.104	-0.179*	-0.164*	-0.173**	-0.190**	-0.082	-0.155*	1
11 心理所有权	0.251**	0.158*	0.304**	0.368**	0.342**	0.239**	0.344**	0.350**	0.308**	0.028

注：* 表示在 0.05 的水平上显著；** 表示在 0.01 的水平上显著；*** 表示在 0.001 的水平上显著。

由表 7—11 可知建言行为与服务型领导之间的相关系数为 0.260，在 0.01 水平上达到显著，表明两者之间呈显著正向相关关系。另外还可以看出员工建言行为与服务型领导各维度情绪抚慰、劝说引导、利他的使命感、预见性智慧以及社会责任感之间的相关系数,均在 0.05 水平上显著,进一步证明了员工建言行为与服务型领导之间的关系显著,员工建言行为及其两个维度促进性建言和抑制性建言均与心理所有权之间的相关系数在 0.05 水平上显著。服务型领导及其各个维度与心理所有权之间的相关系数在 0.05 水平上均显著。

(二) 服务型领导对员工建言行为的影响

本研究对服务型领导与员工建言行为之间关系的文献进行了整理研究,并把服务型领导划分为五个维度,在此基础上对两个变量的关系提出如下假设:

假设 2 (H2):服务型领导对员工的建言行为具有显著的正向影响。

假设 2-1 (H2-1):服务型领导对员工的促进性建言行为具有显著的正向影响。

假设 2-1a (H2-1a):情绪抚慰对促进性建言行为具有显著的正向影响。

假设 2-1b (H2-1b):劝说引导对促进性建言行为具有显著的正向影响。

假设 2-1c (H2-1c):利他使命感对促进性建言行为具有显著的正向影响。

假设 2-1d (H2-1d):预见性智慧对促进性建言行为具有显著的正向影响。

假设 2-1e (H2-1e):社会责任感对促进性建言行为具有显著的正向影响。

假设 2-2 (H2-2):服务型领导对员工的抑制性建言行为具有显著的正向影响。

假设 2-2a (H2-2a):情绪抚慰对抑制性建言行为具有显著

的正向影响。

假设 2-2b（H2-2b）：劝说引导对抑制性建言行为具有显著的正向影响。

假设 2-2c（H2-2c）：利他使命感对抑制性建言行为具有显著的正向影响。

假设 2-2d（H2-2d）：预见性智慧对抑制性建言行为具有显著的正向影响。

假设 2-2e（H2-2e）：社会责任感对抑制性建言行为具有显著的正向影响。

服务型领导与员工建言行为两个变量的相关性，在表7—11 中已经进行了分析，五个维度与员工建言行为之间均存在着一定的相关性。根据以上相关分析，将服务型领导及其五个维度作为自变量，员工建言行为作为因变量进行回归分析，结果如表7—12 所示。

表7—12　　服务型领导及其各维度对建言行为的回归分析结果

变量	建言行为						
	模型1	模型2	模型3	模型4	模型5	模型6	模型7
性别	0.189*	0.169*	0.188*	0.176*	0.165	0.177*	0.169
文化程度	0.005 / -0.007	0.001 / -0.038	0.007 / -0.056	0.007 / -0.037	0.019 / -0.016	-0.013 / -0.22	-0.011 / -0.022
组织规模	0.043	0.034	0.022	0.061	0.039	0.017	0.041
服务型领导		0.247**					
情绪抚慰			0.235**				
劝说引导				0.237**			
利他使命感					0.194**		
预见性智慧						0.236**	
社会责任感							0.162*

续表

变量	建言行为							
	模型1	模型2	模型3	模型4	模型5	模型6	模型7
F	2.097	4.187**	3.920**	3.968**	3.199**	3.972**	2.731*
R^2	0.046	0.105	0.099	0.100	0.082	0.100	0.071
$\triangle R^2$		0.060	0.053	0.054	0.036	0.054	0.025

注：*表示在0.05的水平上显著；**表示在0.01的水平上显著；***表示在0.001的水平上显著。

由表7—12可知，在控制性别、文化程度、组织规模等人口学变量下，以服务型领导作为自变量、以员工建言行为作为因变量的回归分析中，显著性检验的Sig.值为0.001，小于0.01，这表明服务型领导与员工建言行为的关系通过了显著性检验，两变量之间的回归系数是0.247。因此H2得到验证，服务型领导对于员工建言行为具有正向影响。同样根据表7—12可知，服务型领导的五个维度的回归系数均显著，回归系数分别为0.235、0.237、0.194、0.236、0.162，因此可知服务型领导的各维度对于员工建言行为具有正向影响，其中，劝说引导维度对员工建言行为的影响最大，相比来讲，社会责任感维度对员工建言行为的影响最小。

以服务型领导作为自变量、以促进性建言行为作为因变量的回归分析中，显著性检验的Sig.值为0.001，小于0.05，这表明服务型领导与员工促进性建言行为的关系通过了显著性检验，两变量之间的回归系数是0.147。因此H2-1得到验证，服务型领导对于员工促进性建言行为具有正向影响。服务型领导的五个维度对员工促进性建言行为的回归显示，利他使命感和社会责任感维度回归系数不显著，情绪抚慰、劝说引导、预见性智慧回归系数显著，分别为0.170、0.171、0.191，因此可知情绪抚慰、劝说引导、预见性智慧对于员工促进性建言行为具有正向影响，H2-1a、H2-1b、

H2-1d 均得到验证。

表7—13　服务型领导及其各维度对促进性建言行为的回归分析结果

变量	促进性建言						
	模型8	模型9	模型10	模型11	模型12	模型13	模型14
性别	0.162	0.148	0.161	0.153	0.146	0.152	0.151
文化程度	0.081	0.078	0.082	0.082	0.090	0.066	0.072
组织类型	0.129	0.107	0.094	0.107	0.123	0.117	0.121
组织规模	0.046	0.040	0.031	0.059	0.044	0.025	0.045
服务型领导		0.174*					
情绪抚慰			0.170*				
劝说引导				0.171*			
利他使命感					0.130		
预见性智慧						0.191**	
社会责任感							0.088
F	2.736*	3.399**	3.331**	3.351**	2.851*	3.664**	2.477*
R^2	0.058	0.087	0.086	0.086	0.074	0.093	0.065
$\triangle R^2$		0.029	0.028	0.028	0.016	0.035	0.007

注：* 表示在 0.05 的水平上显著；** 表示在 0.01 的水平上显著；*** 表示在 0.001 的水平上显著。

在控制性别、文化程度、组织类型、组织规模等人口学变量下，以服务型领导作为自变量，以抑制性建言行为作为因变量的回归分析中，显著性检验的 Sig. 值为 0.001，小于 0.05，这表明服务型领导与员工抑制性建言行为的关系通过了显著性检验，两变量之间的回归系数是 0.247。因此 H2-2 得到验证，服务型领导对于员工抑制性建言行为具有正向影响。服务型领导的五个维度回归系数均显著。回归系数分别为 0.270、0.270、0.227、0.251、0.214，因此可知服务型领导的各维度对于员工建言行为具有正向影响，H2-2a、H2-2b、H2-2c、H2-2d、H2-2e 均得到验证，其中，情绪抚慰、劝说引导维度对员工建言行为的影响最大，相比而言，社会责任感维度对员工建言行为的影响最小。

表7—14　服务型领导及其各维度对抑制性建言行为的回归分析结果

变量	抑制性建言						
	模型15	模型16	模型17	模型18	模型19	模型20	模型21
性别	0.196*	0.172*	0.193*	0.180*	0.168*	0.181*	0.169*
文化程度	-0.067	-0.071	-0.067	-0.065	-0.049	-0.086	-0.087
组织类型	-0.138	-0.174	-0.194	-0.172*	-0.148	-0.153	-0.157
组织规模	0.035	0.024	0.118	0.055	0.031	0.007	0.032
服务型领导		0.286***					
情绪抚慰			0.270***				
劝说引导				0.270***			
利他使命感					0.227**		
预见性智慧						0.251***	
社会责任感							0.214**
F	4.091**	6.964***	6.497**	6.517**	5.522***	6.052***	5.238***
R^2	0.083	0.163	0.154	0.154	0.134	0.145	0.128
$\triangle R^2$		0.080	0.071	0.071	0.051	0.061	0.044

注：* 表示在0.05的水平上显著；** 表示在0.01的水平上显著；*** 表示在0.001的水平上显著。

实证研究表明，服务型领导可以显著正向地影响员工的建言行为。也就是说服务型领导的程度越高，越有利于员工进行建言，这是因为，在服务型领导的组织中，领导将员工的需求、愿望和利益放在自身利益之上，并且为组织中每一位员工服务。因此组织成员能够感受到领导的服务，其自身的需求也能得到很好地满足，同时，由于建言行为带有很大的风险性，而服务型领导能够增强员工的组织信任和领导信任，减少员工对因为建言而受到打击报复的担心，所以服务型领导能够促进员工的建言行为。就每个维度来说，情绪抚慰、劝说引导、利他使命感、预见性智慧、社会责任感均可以显著正向地影响员工建言行为。员工的工作态度和工作行为会受到直属领导的影响，当领导采用服务型领导方式对待员工时，员工可以感受到领导以人为本的领导理念，领导的情绪抚慰、劝说引导和利他使命感都使得员工可以感受到领导对自己的宽容和帮助，宽容使得员工更愿意或者说更容易向公司提出自己的意见，当员工感觉到了领导给予自身的支持和关爱，员工就愿意呈现出更多的组织公民行为，例如积极的建言献策行动，用以反馈和回报领导对自身的关怀与优待，提出对组织有意义的重要信息或新建议。而领导的预见性智慧使得员工更容易相信领导，相信领导的判断能力，愿意向领导提出自己的建议并相信领导对自己的建议可以有正确的看待；领导的社会责任感是领导的一种人格魅力，激发下属对于领导的追随力以及做出更多有利于公司的事情，同时，员工相信领导可以公平公正的对待自己向公司提出意见这种行为，因此更有利于激发员工产生建言行为。

　　针对服务型领导各维度对促进性建言和抑制性建言来说，领导的社会责任感和利他使命感对抑制性建言影响相对较小，对促进性建言的影响更是不显著。这可能是由于社会责任感和利他使命感仅仅是领导的一种人格魅力，与其他维度相比，并不能凸显它在组织中的效应以及对建言行为的影响。

　　另外，服务型领导与员工分享权力，帮助员工提升能力，员工感受到上级的信任和自身的成长，愿意提供好的想法和意见作为回报。员工会感受到来自领导的尊重和信任，期望认真把握成为领导得力干将的机会，便会提出好的建议，得到认可与鼓励后，进一步促使员工自信心的增强，形成良好的建言氛围。本书的研究结果也在一定程度上深化了时勘等的研究结论，他们认为企业活动具有多样性、专业化等特点，领导不可能对企业活动面面俱到、事事精通，必须依赖对员工的授权和协助下属成长等手段来共同实现组织目标，领导只有表现出鼓励员工参与决策时，才可以把员工的积极性调动起来。[1] 从领导—成员交换理论来看，领导在分享权力的同时，对员工的工作技能进行必要的指导和开发，可以让员工缓解面临新挑战的紧张与压力，而员工心态成熟与能力提升的同时，会用提出想法和建议的形式对领导进行回报。

二　变革型领导对员工建言行为的影响

（一）变量间相关关系检验

由表7—15可知建言行为与变革型领导具有正向相关关系，与变革型领导的四个维度中的愿景激励维度和个性化关怀维度具有正向相关关系，与德行垂范维度和领导魅力维度相关关系不显著，促进性建言与变革型领导的四个维度中的愿景激励维度和个性化关怀维度具有正向相关关系，与变革型领导、德行垂范维度和领导魅力维度相关关系不显著，抑制性建言与变革型领导及其愿景激励维度、个性化关怀维度和德行垂范维度具有正向相关关系，与领导魅力维度相关关系不显著。

表7—15　变革型领导与员工建言行为两个变量的相关性结果

	建言行为	促进性建言	抑制性建言	变革型领导	德行垂范	愿景激励	个性化关怀
建言行为	1						
促进性建言	0.929**	1					
抑制性建言	0.932**	0.731**	1				

---

[1] 时勘、高利苹、黄旭等：《领导授权行为对员工沉默的影响：信任的调节作用分析》，《管理评论》2012年第24卷第10期。

续表

	建言行为	促进性建言	抑制性建言	变革型领导	德行垂范	愿景激励	个性化关怀
变革型领导	0.181*	0.142	0.204**	1			
德行垂范	0.140	0.123	0.153*	0.948**	1		
愿景激励	0.212**	0.150*	0.250**	0.901**	0.784**	1	
个性化关怀	0.199**	0.145*	0.228**	0.932**	0.846**	0.802**	1
领导魅力	0.124	0.112	0.129	0.920**	0.842**	0.771**	0.800**

注：* 表示在0.05的水平上显著；** 表示在0.01的水平上显著；*** 表示在0.001的水平上显著。

（二）变革型领导对员工建言行为的影响

本研究对变革型领导与员工建言行为之间关系的文献进行了整理研究，并把服务型领导划分为四个维度，在此基础上对两个变量的关系提出如下假设：

假设3（H3）：变革型领导对员工的建言行为具有显著的正向影响。

假设3-1（H3-1）：变革型领导对促进性建言行为具有显著的正向影响。

假设3-1a（H3-1a）：德行垂范对促进性建言行为具有显著的正向影响

假设3-1b（H3-1b）：愿景激励对促进性建言行为具有显著的正向影响。

假设3-1c（H3-1c）：个性化关怀对促进性建言行为具有显著的正向影响。

假设3-1d（H3-1d）：领导魅力对促进性建言行为具有显著的正向影响。

假设3-2（H3-2）：变革型领导对抑制性建言行为具有显著

的正向影响。

假设3-2a（H3-2a）：德行垂范对抑制性建言行为具有显著的正向影响。

假设3-2b（H3-2b）：愿景激励对抑制性建言行为具有显著的正向影响。

假设3-2c（H3-2c）：个性化关怀对抑制性建言行为具有显著的正向影响。

假设3-2d（H3-2d）：领导魅力对抑制性建言行为具有显著的正向影响。

根据表7—15的相关分析，将变革型领导及其四个维度为自变量、员工建言行为为因变量进行回归分析，结果如表7—16所示。

表7—16　　　　变革型领导对建言行为的回归分析结果

变量	建言行为					
	模型22	模型23	模型24	模型25	模型26	模型27
性别	0.189*	0.170*	0.178*	0.176*	0.167*	0.180*
文化程度	0.005	0.032	0.014	0.029	0.031	0.024
组织类型	-0.007	-0.043	-0.035	-0.040	-0.035	-0.036
组织规模	0.043	0.048	0.044	0.041	0.043	0.051
变革型领导		0.174*				
德行垂范			0.135			
愿景激励				0.204**		
个性化关怀					0.185*	
领导魅力						0.124
F	2.149	2.824*	2.401*	3.358**	2.987*	2.298*
R^2	0.046	0.074	0.154	0.086	0.052	0.034
ΔR^2		0.029	0.017	0.040	0.033	0.015

注：* 表示在0.05的水平上显著；** 表示在0.01的水平上显著；*** 表示在0.001的水平上显著。

由表7—16可知，在控制性别、文化程度、组织类型、组织规模等人口学变量下，以变革型领导作为自变量、以员工建言行为作为因变量的回归分析中，两者的回归系数显著，这表明变革型领导与员工建言行为的关系通过了显著性检验，两变量之间的回归系数是0.174。因此H3得到验证，变革型领导对员工建言行为具有正向影响。

以变革型领导作为自变量、以员工促进性建言行为作为因变量的回归分析，回归系数不显著，因此H3-1不成立，以变革型领导作为自变量、以员工抑制性建言行为作为因变量的回归分析，结果显示回归系数达到显著性，这表明变革型领导与员工抑制建言行为的关系通过了显著性检验，两变量之间的回归系数是0.215。因此H3-2得到验证，变革型领导对员工抑制建言行为具有正向影响。由表可知变革型领导的德行垂范维度、愿景激励维度、个性化关怀维度和领导魅力对抑制性建言行为的回归系数分别为0.171、0.252、0.224、0.146，且均显著，因此可知变革型领导及其德行垂范维度、愿景激励维度、个性化关怀维度和领导魅力对于员工抑制性建言行为均具有正向影响，H3-2a、H3-2b、H3-2c、H3-2d均得到验证。其中，愿景激励维度对员工建言行为的影响最大，相比而言，领导魅力维度对员工建言行为的影响最小。

表7—17　变革型领导对促进性建言与抑制性建言行为的回归分析结果

变量	促进性建言		抑制性建言					
	模型28	模型29	模型30	模型31	模型32	模型33	模型34	模型35
性别	0.160	0.150	0.192*	0.171*	0.180*	0.177*	0.169*	0.183*
文化程度	0.085	0.099	-0.059	-0.035	-0.057	-0.037	-0.036	-0.044
组织类型	0.127	0.104	-0.138	-0.181*	-0.173*	-0.178*	-0.171*	-0.170*
组织规模	0.050	0.051	0.038	0.039	0.036	0.032	0.035	0.043

续表

变量	促进性建言		抑制性建言					
	模型 28	模型 29	模型 30	模型 31	模型 32	模型 33	模型 34	模型 35
变革型领导		0.118		0.215**				
德行垂范					0.171*			
愿景激励						0.252***		
个性化关怀							0.224**	
领导魅力								0.146*
F	2.737*	2.708*	3.871**	5.005***	4.478**	6.068***	5.274***	4.088**
R^2	0.058	0.071	0.080	0.124	0.086	0.145	0.129	0.103
$\triangle R^2$		0.013		0.044	0.028	0.062	0.049	0.020

注：* 表示在 0.05 的水平上显著；** 表示在 0.01 的水平上显著；*** 表示在 0.001 的水平上显著。

本研究证实变革型领导对下属建言行为有积极的促进作用，其中，愿景激励、个性化关怀对建言行为显著正向影响，而德行垂范、领导魅力与建言行为没有显著的影响关系。这可能是因为领导者的个人魅力、领导能力虽然可以对员工的态度和行为产生影响，但是这种影响主要还是表现在员工对领导者的高度认可和个人崇拜方面，从而不容易察觉组织在运行、管理等方面中出现的问题以及可以改进的地方，这将阻碍员工建言行为的产生。变革型领导对促进性建言相关关系不显著，而对抑制性建言具有正向影响，国外关于变革型领导的研究认为变革型领导行为一定程度上能够将鼓励创新、支持变革的理念传达给员工，给予员工一定的自治权，旨在构建轻松、和谐的组织氛围，消除员工建言的后顾之忧。本次问卷调研的样本主体是"80后"的知识型员工，相对而言受传统文化的影响没有老员工那么根深蒂固，对新思想、新制度的接受和适应能力也普遍较强，再加上受过良好的文化教育、有较强的思考能力和自我判别能力。所以，在变革型领导行为的激发下更加容易采用抑制性建言行为。

三 家长式领导对员工建言行为的影响

（一）变量间相关关系检验

由表7—18可知，建言行为与家长式领导及其各维度相关关系显著，其中建言行为与权威领导维度为负相关关系，其他为正相关关系，促进性建言与家长式领导正向相关关系显著，与各维度相关关系不显著，抑制性建言与家长式领导及其各维度相关关系显著，其中与权威领导维度为负相关关系，其他为正相关关系。

表7—18　家长式领导与员工建言行为两个变量的相关性

	建言行为	促进性建言	抑制性建言	家长式领导	仁慈领导	权威领导	德行领导
建言行为	1						
促进性建言	0.929**	1					
抑制性建言	0.932**	0.731**	1				
家长式领导	0.278**	0.151*	0.370**	1			
仁慈领导	0.204**	0.142	0.245**	0.575**	1		
权威领导	-0.257**	-0.140	-0.330**	-0.433**	0.161*	1	
德行领导	0.213**	0.097	0.299**	0.725**	-0.118	-0.807**	1

注：* 表示在0.05的水平上显著；** 表示在0.01的水平上显著；*** 表示在0.001的水平上显著。

（二）家长式领导对建言行为的检验

本研究对家长式领导与员工建言行为之间关系的文献进行了整理研究，并把家长式领导划分为三个维度，在此基础上对两个变量的关系提出如下假设：

假设4（H4）：家长式领导对员工建言行为存在影响作用。

假设4a（H4a）：仁慈领导对促进性建言行为具有显著的正向影响。

假设 4b（H4b）：德行领导对促进性建言行为具有显著的正向影响。

假设 4c（H4c）：权威领导对促进性建言行为具有显著的负向影响。

假设 4d（H4d）：仁慈领导对抑制性建言行为具有显著的正向影响。

假设 4e（H4e）：德行领导对抑制性建言行为具有显著的正向影响。

假设 4f（H4f）：权威领导对抑制性建言行为具有显著的负向影响。

根据以上相关分析，将服务型领导及其三个维度作为自变量、员工建言行为作为因变量进行回归分析，结果如表7—19所示。

表7—19　家长式领导对员工建言行为的回归分析结果

变量	建言行为				
	模型36	模型37	模型38	模型39	模型40
性别	0.189*	0.178*	0.182*	0.167	0.105
文化程度	0.005	0.035	0.016	0.020	0.003
组织类型	-0.007	0.067	-0.027	0.109	0.170
组织规模	0.043	-0.037	0.024	-0.023	-0.032
家长式领导		0.295***			
仁慈领导			0.187*		
德行领导				0.256**	
权威领导					-0.340**
F	2.149	4.483**	3.100*	3.237**	3.999**
R^2	0.046	0.112	0.080	0.083	0.101
$\triangle R^2$		0.066	0.034	0.038	0.055

注：*表示在0.05的水平上显著；**表示在0.01的水平上显著；***表示在0.001的水平上显著。

由表7—19的结果可知,在控制性别、文化程度、组织类型、组织规模等人口学变量下,以家长式领导作为自变量、以员工建言行为作为因变量的回归分析中,显著性检验的Sig.值为0.000,小于0.001,这表明家长式领导与员工建言行为的关系通过了显著性检验,两变量之间的回归系数是0.295。因此H4得到验证,家长式领导对员工建言行为具有正向影响。同样根据表7—19可知,在各维度对员工建言行为的回归系数为0.187、0.256、-0.340,且均在0.01水平上显著。

以家长式领导作为自变量、以员工促进性建言行为作为因变量的回归分析中,显著性检验的Sig.值为0.006,小于0.01,这表明家长式领导与员工促进性建言行为的关系通过了显著性检验,两变量之间的回归系数是0.230,家长式领导对于促进性员工建言行为具有正向影响。在这四个维度中,权威领导维度的回归系数分别为-0.323,Sig.值为0.002,小于0.01,德行领导维度回归系数为0.236,Sig.值为0.013,小于0.05,仁慈领导维度回归系数为0.194,Sig.值为0.009,小于0.01,由此可知,权威领导对促进性建言行为具有负向影响,H4c得到验证,德行领导和仁慈领导均对促进性建言具有正向影响,H4a、H4b得到验证。

表7—20　　家长式领导对员工促进性建言行为的回归分析结果

变量	促进性建言行为				
	模型41	模型42	模型43	模型44	模型45
性别	0.162	0.153	0.157	0.142	0.082
文化程度	0.081	0.105	0.088	0.095	0.079
组织类型	0.129	0.187	0.116	0.237*	0.297**
组织规模	0.046	-0.015	0.034	-0.015	-0.025
家长式领导		0.230**			
仁慈领导			0.194*		

续表

变量	促进性建言行为				
	模型41	模型42	模型43	模型44	模型45
德行领导				0.236*	
权威领导					-0.323**
F	2.736*	3.848**	2.784*	3.507**	4.288**
R^2	0.058	0.098	0.073	0.090	0.108
$\triangle R^2$		0.040	0.015	0.032	0.050

注：* 表示在0.05的水平上显著；** 表示在0.01的水平上显著；*** 表示在0.001的水平上显著。

以家长式领导作为自变量、以员工抑制性建言行为作为因变量的回归分析中，显著性检验的Sig.值小于0.001，这表明家长式领导与员工抑制性建言行为的关系通过了显著性检验，两变量之间的回归系数是0.327。因此，家长式领导对于员工抑制性建言行为具有正向影响。在各维度的回归分析中，权威领导维度的回归系数为 -0.295，Sig.值为0.004，小于0.01，德行领导维度回归系数为0.242，Sig.值为0.010，小于0.05，仁慈领导维度回归系数为0.231，Sig.值为0.001，小于0.01，由此可知，权威领导对抑制性建言行为具有负向影响，H4f得到验证，德行领导和仁慈领导均对抑制性建言具有正向影响，H4d、H4e得到验证。

表7—21　家长式领导对员工抑制性建言行为的回归分析结果

变量	抑制性建言行为				
	模型46	模型47	模型48	模型49	模型50
性别	0.196*	0.180*	0.184*	0.174*	0.124
文化程度	-0.067	-0.035	-0.054	-0.052	-0.067
组织类型	-0.138	-0.057	-0.163*	-0.027	0.016
组织规模	0.035	-0.053	0.012	-0.028	-0.030

续表

变量	抑制性建言行为					
	模型46	模型47	模型48	模型49	模型50
家长式领导		0.327***			
仁慈领导			0.231**		
德行领导				0.242*	
权威领导					-0.295*
F	4.091**	7.051***	5.616***	4.741***	5.116***
R^2	0.083	0.165	0.136	0.117	0.125
$\triangle R^2$		0.081	0.052	0.034	0.042

注：* 表示在 0.05 的水平上显著；** 表示在 0.01 的水平上显著；*** 表示在 0.001 的水平上显著。

综上所述，家长式领导的仁慈领导、德行领导对员工抑制性和促进性建言行为均有显著正向影响，也就是说员工在实际工作中感知到的仁慈领导和德行领导水平越高，员工就愿意表现出更多的建言行为。而权威领导对抑制性建言、促进性建言存在显著的负向影响。关于仁慈领导对员工建言行为的影响可以从中华文化中寻求答案，我国自古就有"君仁则臣直"的说法，君王仁义，则大臣耿直。仁慈领导对下属表现出仁慈，给予关怀和照顾，往往也会得到下属的积极回应，以报答上级的"知遇之恩"。下属不仅会为组织的发展提供具有建设性的意见或创新性的想法，也敢于指出组织中存在的不合理现象。因此，当上级表现出仁慈领导风格越高，下属的建言的主动性和积极性也就越强。这也与段锦云等研究仁慈领导正向影响建言行为的结论相同。[①] 德行领导通过其自身的良好品德和个人操守来赢得下属的尊敬，即使员工的建言有可能不当，或者

---

① 段锦云、张倩：《建言行为的认知影响因素、理论基础及发生机制》，《心理科学进展》2012年第20卷第1期。

冒犯领导者，但由于德行领导的高道德品质，员工不会担心受到领导的打击报复。如果一个领导者缺乏道德修养，就会失去下属的信任，那么员工只会完成角色内的工作，而对于角色外行为的建言，则表现出消极的态度。Walumbwa等的研究中指出：当领导者的道德行为符合员工的期望时，会在组织中营造出一种氛围，以此来鼓励员工参与进来，并最终促使员工发生建言行为。[1] 关于权威领导与建言行为的关系与段锦云的研究结论一致，权威领导对员工建言行为有抑制作用。

四 三种领导风格对员工建言行为影响的比较

对于建言行为及其两个维度（促进性建言和抑制性建言）与领导风格（包括服务型领导、变革型领导和家长式领导）的描述性统计分析，将采用最小值、最大值、平均数和标准差来说明各变量的分布情况。具体结果如下：从表7—22可以看出，在中国文化背景下，员工的整体建言行为为中等水平以上（平均值为3.802）。其中，促进性建言行为的水平相对较高（平均值为3.838），抑制性建言行为的水平相对较低（平均值为3.760）。这说明员工更倾向于主动提出解决问题的新方法或对组织有益的新方案，而较少指出组织现状中存在的问题或组织中的不协调问题。主要是因为前者具有创新性，容易被接受，而后者容易造成人际关系紧张或对组织的和谐造成挑战，这在崇尚"和谐"、注重"关系"的中国文化背景下更为明显。

---

[1] F. O. Walumbwa, C. A. Hartnell, A. Oke, "Servant Leadership, Procedural Justice Climate, Service Climate, Employee Attitudes, and Organizational Citizenship Behavior: A Cross-Level Investigation", *Journal of Applied Psychology*, Vol. 95, 2010, pp. 517–529.

表7—22　建言行为及其两个维度与领导风格的描述性统计分析结果

	极小值	极大值	均值	标准差
建言行为	1	5	3.802	0.745
促进性建言	1	5	3.838	0.792
抑制性建言	1	5	3.760	0.809
服务型领导	1.267	5	3.976	0.706
家长式领导	2.152	4.515	3.606	0.455
变革型领导	1.038	5	4.152	0.691

从表7—22可以看出，变革型领导和服务型领导风格的平均值分别为4.152和3.976，而家长式领导的平均值为3.606，说明在中国的组织中，变革型领导和服务型领导是主要的领导风格，家长式领导风格比较少见，可能是因为家长式领导中的权威领导维度对建言行为有抑制作用，管理者们不倾向于这种领导方式。由变革型领导、服务型领导对建言行为的回归分析结果可知，变革型领导的回归系数为0.174，R^2为0.074，服务型领导的回归系数为0.247，R^2为0.105，这说明服务型领导相比变革型领导可以使员工做出更多的建言行为。

邓志华等进行了服务型领导与家长式领导对员工态度和行为影响的比较研究。结果表明，这两类领导风格对员工工作满意度和组织公民行为都有显著正向影响，对工作场所偏离行为都有显著负向影响。但前者比后者对三个结果变量的影响程度更大。[①] 与家长式领导相比，服务型领导对我国大陆企业员工具有更高的领导效能。孙健敏、王碧英的研究也发现，服务型领导对周边绩效和异常行为

---

① 邓志华、陈维政、黄丽、胡冬梅：《服务型领导与家长式领导对员工态度和行为影响的比较研究》，《经济与管理研究》2012年第7期。

的单独预测效果要优于变革型领导,在控制变革型领导的情况下,服务型领导对员工周边绩效、异常行为具有显著的增量预测效果。[①]另外,Schaubroeck、Lam 和 Peng 的研究表明,服务型领导对团队绩效的影响程度超过变革型领导的 10%。[②]

服务型领导的角色首先是服务,提供一定的资源、平台帮助下属成长,努力实现跟随者的利益,在这个服务的过程中成为领导,促进员工提高工作绩效;其跟随者的角色是成为服务者或服务型领导,自己变得更加自主、更智慧、更自由。并且,领导者和成员之间除了有领导和被领导的关系以外,领导成员之间的关系更多的是领导者服务员工、员工服务领导者的彼此服务的关系。而在变革型领导中,领导者的角色首先是领导,在领导的过程中产生服务,其领导角色是激发、转化跟随者以追求组织利益和组织目标,其跟随者的角色是追求组织目标,成长为领导者,且对领导者更为依赖,对组织和组织目标更加忠诚。服务型领导成功的一个衡量标准就是"使他人成为服务者或服务型领导者",即组织中的每个人都成为他人的服务者,整个组织转化成服务型的共同体。员工通过领导者对自己的服务,自身会得到成长和发展,服务型领导的下属会成为自由的、自主的、自立的服务型领导者;并且员工还会形成对顾客、领导者和组织的服务承诺,从而产生社会责任感,为创造更美好的社会而努力。在服务型领导主导下,员工组织目标清晰,组织愿景一致,员工工作投入更多,促进组织生产力和组织收益的提高。变革型领导的下属依赖于领导者和组织的领导者,受到领导和组织的

---

① 孙健敏、王碧英:《公仆型领导:概念的界定与量表的修订》,《商业经济与管理》2010年第 5 期。

② J. Schaubroeck, S. S. Lam, A. C. Peng, "Cognition – Based and Affect – Based Trust as Mediators of Leader Behavior Influences on Team Performance", *Journal of Applied Psychology*, Vol. 96, 2011, pp. 863 – 871.

约束和控制。在控制变革型领导的情况下，服务型领导行为对下属的社区公民行为、角色内绩效和组织承诺具有显著的增量预测效果。

第三节 心理所有权的中介效应检验

一 服务型领导对心理所有权的影响

通过对服务型领导对心理所有权的影响进行整理，提出如下假设：

假设5（H5）：服务型领导对心理所有权具有显著的正向影响。

表7—23　　　服务型领导对心理所有权的回归分析结果

自变量	因变量：心理所有权	
性别	0.152	0.119
文化程度	0.007	0.001
组织类型	-0.180*	-0.230**
组织规模	0.199*	0.185*
服务型领导		0.391***
R^2	0.152	0.301
$\triangle R^2$		0.149
F	8.042***	15.418***

注：*表示在0.05的水平上显著；**表示在0.01的水平上显著；***表示在0.001的水平上显著。

由表7—23可知，服务型领导对心理所有权回归系数显著，为0.391，H5得到验证，服务型领导对心理所有权具有显著的正向影响。

二 心理所有权对员工建言行为的影响

通过对研究文献的整理直接或间接的表明，心理所有权能够影响建言行为的产生。综合上述分析，本书提出如下假设：

假设6（H6）：心理所有权对员工建言行为具有显著的正向影响。

假设6-1（H6-1）：心理所有权对促进性建言行为具有显著的正向影响。

假设6-2（H6-2）：心理所有权对抑制性建言行为具有显著的正向影响。

表7—24　　　　心理所有权对员工建言行为回归分析结果

自变量	因变量		
	建言行为	促进性建言行为	抑制性建言行为
性别	0.150	0.133	0.153
文化程度	0.003	0.079	-0.069
组织类型	0.039	0.164	-0.087
组织规模	-0.008	0.008	-0.021
心理所有权	0.256**	0.194*	0.176*
R^2	0.102	0.090	0.281
F	4.023**	3.502**	6.342***

注：* 表示在0.05的水平上显著；** 表示在0.01的水平上显著；*** 表示在0.001的水平上显著。

由表7—24可知，心理所有权对建言行为及其两个维度回归系数均显著，H6、H6-1、H6-2均成立。

三　心理所有权对服务型领导与员工建言行为的中介作用

本研究根据服务型领导、心理所有权与员工建言之间关系的文献进行整理，提出如下假设：

假设7（H7）：心理所有权对服务型领导与员工建言行为之关系起到中介作用。

假设7-1（H7-1）：心理所有权对服务型领导与促进性建言

行为之关系起到中介作用。

假设 7-2（H7-2）：心理所有权对服务型领导与抑制性建言行为之关系起到中介作用。

对于中介变量的检验，陈晓萍、徐淑英、樊景立认为具体可以分为三个步骤：一是检验自变量是否影响中介变量；二是检验自变量是否影响因变量；三是考虑当中介变量作用时，自变量对因变量的影响作用是消失了还是明显地减小了？如果自变量对因变量的回归系数减弱到不显著水平，说明中介变量起到了完全的中介作用，自变量完全通过中介变量影响因变量；如果自变量对因变量的回归系数减少，但是仍然达到了显著性水平，说明中介变量只是起到了部分中介作用，也就是说自变量对因变量的影响只有一部分是通过中介变量实现的。此时自变量一方面通过中介变量影响因变量，同时也直接对因变量起作用。本研究采用的是逐步回归分析的方法，共分三步回归，首先分析自变量对于中介变量的回归，接着分析中介变量对因变量的回归；最后用自变量和因变量进入方程，同时以自变量和中介变量进入方程。[①]

（一）心理所有权在服务型领导与建言行为之间的中介作用检验

根据检验的步骤：第一步为服务型领导对心理所有权的回归；第二步为服务型领导对建言行为的回归；第三步，服务型领导和心理所有权同时进入回归方程。

从表 7—25 可以看出，心理所有权对服务型领导的回归系数显著，为 0.391，建言行为对服务型领导的回归系数显著，为 0.247，服务型领导和心理所有权同时进入回归方程，结果心理所有权的回归系数仍然显著，为 0.176，而服务型领导的回归系数显著但是较

---

① 陈晓萍、徐淑英、樊景立：《组织与管理研究的实证方法》，北京大学出版社 2012 年版，第 128 页。

前减小。因此，可以证明心理所有权在服务型领导和建言行为之间起部分中介作用。H7 得到验证。

表7—25 心理所有权在服务型领导与建言行为之间的中介作用检验结果

自变量	因变量		
	第一步：心理所有权	第二步：建言行为	第三步：建言行为
性别	0.119	0.169*	0.148
文化程度	0.001	0.001	0.001
组织类型	-0.230	-0.038	0.002
组织规模	0.185*	0.034	0.001
服务型领导	0.391***	0.247**	0.178*
心理所有权			0.176*
R^2	0.301	0.105	0.127
$\triangle R^2$			0.022
F	15.418***	4.187**	4.289***

注：* 表示在0.05的水平上显著；** 表示在0.01的水平上显著；*** 表示在0.001的水平上显著。

（二）心理所有权在服务型领导与促进性建言行为之间的中介作用检验

由表7—26可知服务型领导对促进性建言行为的回归系数显著，为0.174，服务型领导和心理所有权同时进入回归方程，结果心理所有权的回归系数不显著，说明心理所有权在服务型领导与促进性建言行为之间中介作用不显著。也就是说管理者表现的服务型领导越多，员工不需要有太高的心理所有权水平，促进性建言行为就能表现得越多，因为促进性建言行为没有太大的风险性，员工受管理者的服务型领导的影响，就会积极地提出有利于组织运转的建议来回馈管理者。H7-1不成立。

表 7—26 心理所有权在服务型领导与促进性建言行为
之间的中介作用检验结果

自变量	因变量		
	第一步：心理所有权	第二步：促进性建言行为	第三步：促进性建言行为
性别	0.119	0.148	0.131
文化程度	0.001	0.078	0.078
组织类型	-0.230	0.107	0.140
组织规模	0.185*	0.040	0.014
服务型领导	0.391***	0.174*	0.119
心理所有权			0.140
R^2	0.301	0.087	0.101
$\triangle R^2$			0.014
F	15.418***	3.399**	3.312***

注：*表示在 0.05 的水平上显著；**表示在 0.01 的水平上显著；***表示在 0.001 的水平上显著。

（三）心理所有权在服务型领导与抑制性建言行为之间的中介作用检验

由表 7—27 可知服务型领导对抑制性建言行为的回归系数显著，为 0.286，服务型领导和心理所有权同时进入回归方程，结果心理所有权的回归系数仍然显著，为 0.186，而服务型领导的回归系数则显著减小，为 0.213。因此可以表明心理所有权在服务型领导和抑制性建言行为之间起部分中介作用，说明还有其他因素的影响。H7-2 得到验证。

这说明领导表现出越多的服务型领导行为，员工的心理所有权感知就越强烈。一方面，服务型领导行为提倡分享权力，提倡自主决策，给予情绪抚慰、劝说引导帮助员工成长并克服困难，这些都可以带给员工家一般的感觉，从而产生心理所有权。充分的服务型领导行为是一种对员工的信任，感受到领导信任的员工会把企业当作家，把领导和同事当作家人，而中国人一想到家，就会联想到自由的环境以及父母给予我们的成长和关怀。情绪抚慰、劝说引导和利他使命感这些都是服务型领导给员工带来的家的感觉，把工作当作是自己分内的事，会对组织和工作有意识地进行保护、控制、完善等，这种情况下，一旦有可以让工作变得更好的想法，员工就会积极地向组织和领导提出来，以期把工作做得更完美，让组织变得更好。另一方面，受到关怀与重视的员工会对组织和工作形成较为强烈的认同感与责任感，催生了员工对组织的心理所有权，从而激励员工积极为组织发展建言献策，甚至甘愿不计个人得失和后果，敢于来做自己认为正确的有利于组织进步的事，即使是发表对人际关系和现状严峻挑战的抑制性建言行为。

表 7—27　　心理所有权在服务型领导与抑制性建言行为之间的中介作用检验结果

自变量	因变量		
	第一步：心理所有权	第二步：抑制性建言行为	第三步：抑制性建言行为
性别	0.119	0.172*	0.150
文化程度	0.001	−0.071	−0.071
组织类型	−0.230	−0.174	−0.131
组织规模	0.185*	0.024	−0.010
服务型领导	0.391***	0.286***	0.213**
心理所有权			0.186*
R^2	0.301	0.163	0.187
$\triangle R^2$			0.024
F	15.418***	6.964***	6.820***

注：* 表示在 0.05 的水平上显著；** 表示在 0.01 的水平上显著；*** 表示在 0.001 的水平上显著。

第四节 权力距离的调节效应检验

本研究根据前文中权力距离与服务型领导、心理所有权、员工建言之间的关系提出如下假设：

假设8（H8）：权力距离在心理所有权与员工建言行为之间的关系中起负向调节作用。

假设8-1（H8-1）：权力距离在心理所有权与员工促进性建言行为之间的关系中起负向调节作用。

假设8-2（H8-2）：权力距离在心理所有权与员工抑制性建言行为之间的关系中起负向调节作用。

调节变量的一个主要作用是为现有的理论划出限制条件和适用范围。我们靠有限的认知能力所建立的理论往往都是有一定的局限的，只是在理论发展的初期很难完全考虑到其所有的限制条件和适用范围。如果把一个因素看成调节变量，考察的是它如何影响自变量和因变量之间的关系，它所解释的不是变量之间关系作用的内在机制，而是在探讨两个变量之间的关系在不同情况下是否会有所变化，在统计检验方法上，通常采用方差分析、层次回归分析方法来验证调节作用。在进行调节效应的检验时，根据 Aiken 等的建议，[①]对心理所有权和权力距离分别进行中心化，并计算出调节效应项。第一步对控制变量、中心化的主要变量对建言行为进行回归，第二步在第一步的基础上放入调节效应项，结果显示作为调节效应项的标准化回归系数为 -0.195，且显著，R^2 增量为 0.027，说明权力距离的负向调节作用显著。H8 成立。

[①] L. S. Aiken, S. G. West, R. R. Reno, *Multiple Regression: Testing and Interpreting Interactions*, Sage, 1991, p. 119.

表7—28 权力距离对心理所有权和建言行为的调节效应检验结果

自变量	因变量：建言行为	
	第一步	第二步
性别	0.147	0.139
文化程度	0.004	-0.026
组织类型	0.049	0.095
组织规模	-0.007	0.002
权力距离	0.026	0.095
心理所有权	0.256**	0.223**
权力距离×心理所有权		-0.195*
R^2	0.070	0.097
$\triangle R^2$		0.027
F	3.268**	3.789**

注：* 表示在 0.05 的水平上显著；** 表示在 0.01 的水平上显著；*** 表示在 0.001 的水平上显著。

由表7—28可知心理所有权的调节效应显著。为了将该调节作用可视化，本研究将权力距离加一个标准差和减一个标准差，建立了图7—1的调节效果图。由图7—1可知，与高权力距离的下属相比，在低权力距离下属中，心理所有权对建言行为的回归斜率值更大（回归直线更加陡峭），进一步进行简单斜率分析结果显示：P=0.033，<0.05，差异显著，说明心理所有权同等程度的变化，在低权力距离下属身上可以引发其建言行为更大程度的改变，这一结果为后面进一步检验调节中介效应奠定了基础。

用同样方法检验权力距离对心理所有权与促进性建言的调节效应，结果显示：作为调节效应项的标准化回归系数为-0.224，且显著，R^2增量为0.041，说明权力距离对心理所有权与促进性建言的负向调节作用显著。H8-1得到验证。

图 7—1 权力距离的调节效应

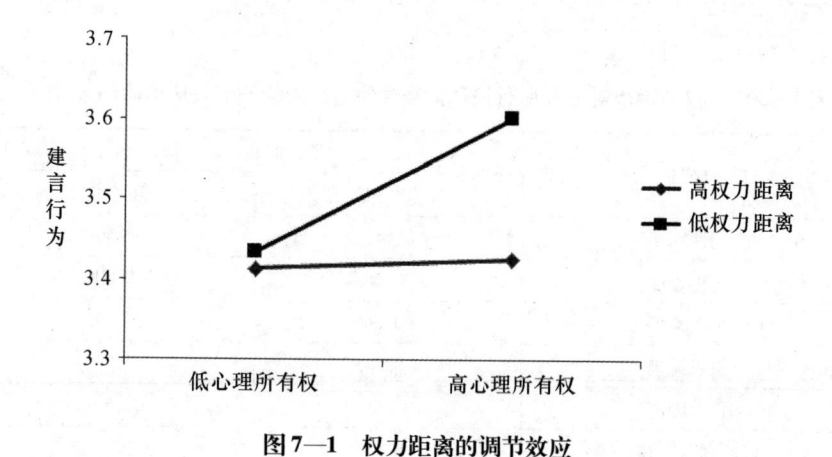

表 7—29 权力距离对心理所有权和促进性建言行为的调节效应检验结果

自变量	因变量：促进性建言行为	
	第一步	第二步
性别	0.131	0.122
文化程度	0.080	0.046
组织类型	0.163	0.216
组织规模	0.004	0.014
权力距离	-0.011	0.068
心理所有权	0.193*	0.155*
权力距离 x 心理所有权		-0.224**
R^2	0.089	0.131
$\triangle R^2$		0.041
F	2.881*	3.764**

注：* 表示在 0.05 的水平上显著；** 表示在 0.01 的水平上显著；*** 表示在 0.001 的水平上显著。

检验权力距离对心理所有权与抑制性建言的调节效应结果显示：作为调节效应项的标准化回归系数为不显著，说明权力距离对心理所有权与抑制性建言的调节作用不显著。H8-2不成立。

表7—30　权力距离对心理所有权和抑制性建言行为的调节效应检验结果

自变量	因变量：抑制性建言行为	
	第一步	第二步
性别	0.146	0.140
文化程度	-0.068	-0.090
组织类型	-0.066	-0.032
组织规模	-0.015	-0.009
权力距离	0.065	0.155
心理所有权	0.282***	0.258**
权力距离×心理所有权		-0.142
R^2	0.152	0.169
$\triangle R^2$		0.017
F	5.293***	5.106***

注：* 表示在0.05的水平上显著；** 表示在0.01的水平上显著；*** 表示在0.001的水平上显著。

综上所述，权力距离主要是调节心理所有权对促进性建言行为的影响，权力距离调节心理所有权对抑制性建言的影响不显著。当高权力距离导向的员工对组织产生心理所有权时，他会对组织产生"家"的感觉，他更会遵守"家"中权力分配，维护自己在"家"中的权力从属地位，即使他们认为"家"在运行中存在问题，他们也会尊重领导的决定而较少建言。当低权力距离导向的员工对组织产生心理所有权时，尽管他们会对组织拥有"家"的感觉，但他对"家"里的权力差异感知或者接受程度较低，他们秉持平等参与"家"中事务的价值观，并认为自身应该参与"家"中决策的过程，因此，他们更积极地提出意见、建议。

第五节 调节中介模型的构建与检验

本部分主要验证有调节的中介作用。本研究基于理论结构模型,根据权力距离与服务型领导、心理所有权、员工建言之间的关系提出如下假设:

假设9(H9):权力距离负向调节了服务型领导通过心理所有权影响建言行为的中介作用。

假设9-1(H9-1):权力距离负向调节了服务型领导通过心理所有权影响促进性建言行为的中介作用。

假设9-2(H9-2):权力距离负向调节了服务型领导通过心理所有权影响抑制性建言行为的中介作用。

根据陈晓萍等主编的《组织与管理研究的实证方法》中所介绍的检验方法,[①] 在验证被调节的中介作用时,自变量不必要与中介变量有显著的关系,因为由于调节变量的存在,这种平均中介作用可能会不显著。在检验被调节的中介作用时,要注意两个关键点。第一,自变量与中介变量之间的关系应该随着调节变量的取值发生变化;第二,应该说明中介变量会显著地影响因变量。

根据 Muller 等提出的被调节的中介模型的检验三步法,[②] 通过对3个回归方程的参数检验,我们构建如下模型:

建言行为对权力距离、服务型领导的回归,如公式(7—1):

$$Y = c_0 + c_1 X + c_2 U + c_3 UX + u_1 \qquad (7—1)$$

其中:Y 是建言行为,X 是服务型领导,U 是权力距离,c_0 为

[①] 陈晓萍等主编:《组织与管理研究的实证方法》,北京大学出版社2012年版,第550—554页。

[②] D. Muller, C. M. Judd, V. Y. Yzerbyt, "When Moderation is Mediated and Mediation is Moderated", *Journal of Personality and Social Psychology*, Vol. 89, 2005, pp. 852–863.

常数项，c_1、c_2、c_3 是各个变量的回归系数，u_1 是回归残差项。

心理所有权对服务型领导、权力距离和服务型领导权力距离交互的回归，如公式（7—2）：

$$W = a_0 + a_1 X + a_2 U + a_3 UX + u_2 \qquad (7—2)$$

其中：W 是心理所有权，a_0 是常数项，a_1、a_2、a_3 是变量的回归系数，u_2 是回归残差项。

建言行为对服务型领导、权力距离、心理所有权和服务型领导权力距离交互回归，如公式（7—3）：

$$Y = c'_0 + c'_1 X + c'_2 U + b_1 W + b_2 UW + u_3 \qquad (7—3)$$

其中：c'_0 是常数项，c'_1、c'_2、b_1 和 b_2 是变量的回归系数，u_3 是回归残差项。

根据温忠麟对有调节的中介的综合分析，可以给出有调节的中介模型的层次检验流程图见图 7—2。该流程图为针对前、后半路径都受到调节的情况，当理论假设中只有前半路径或者后半路径受到调节时，相应的回归方程与检验要进行调整。

第一步，建立建言行为（Y）与服务型领导（X）关系的简单调节模型，该步骤用来检验自变量与因变量之间的直接效应是否受到权力距离（U）的调节，其结果图见图 7—3。服务型领导（X）对建言行为（Y）的效应显著（c_1 = 0.249**，t = 3.403，p < 0.01），服务型领导（X）与权力距离（U）的交互项（UX）对建言行为（Y）的效应不显著（c_3 = -0.083，t = -1.130，p = 0.260）。

第二步，建立有调节的中介模型（直接效应不受到调节），来检验服务型领导（X）经过心理所有权（W）对建言行为（Y）的中介效应是否受到权力距离（U）的调节。首先对其进行依次检验，可以通过路径分析进行，见图 7—4。服务型领导（X）对心理

第七章 结果与讨论 191

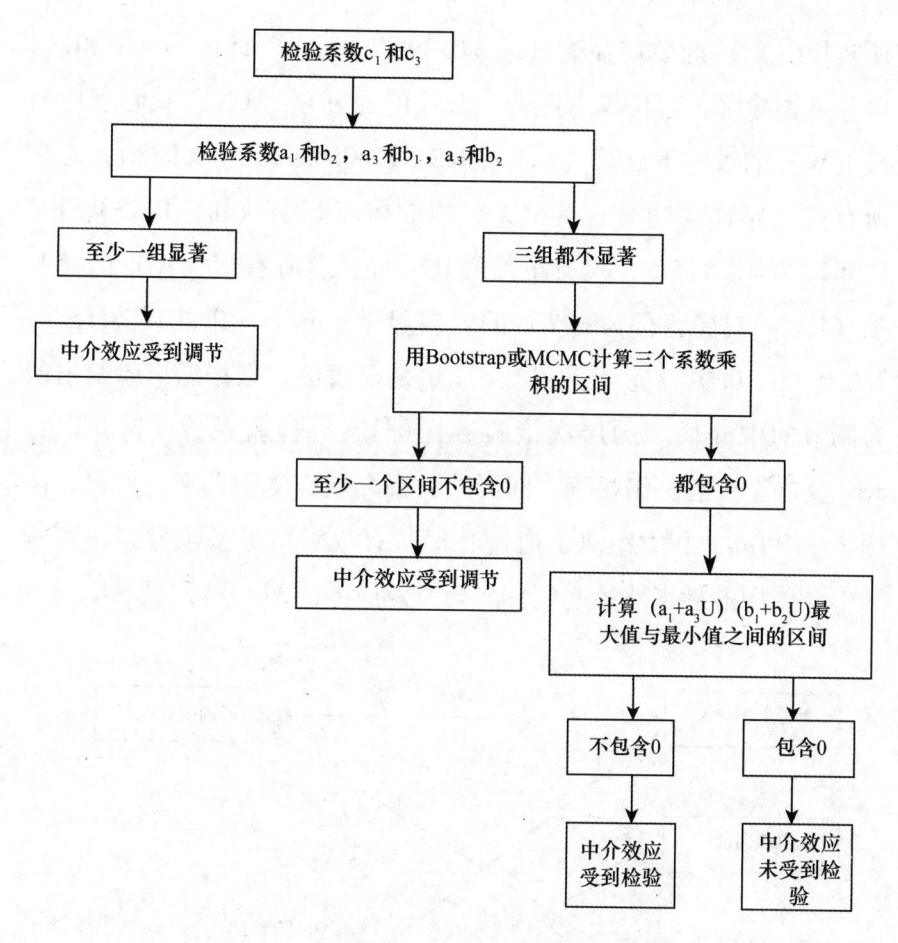

图7—2 有调节的中介模型的层次检验流程图

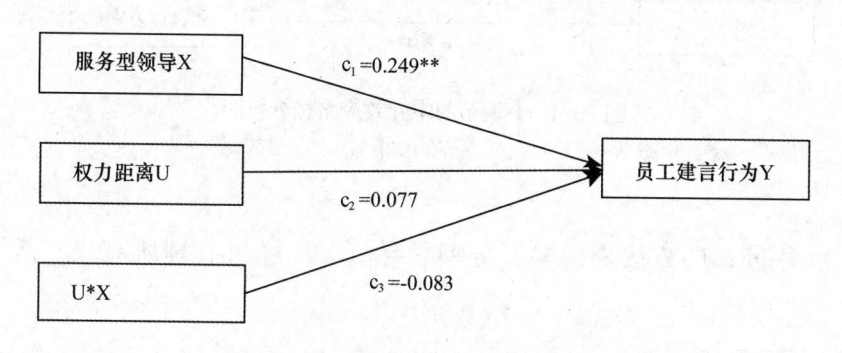

图7—3 建言行为与服务型领导的简单调节模型

所有权（W）的效应显著（$a_1 = 0.399^{***}$，$t = 6.151$，$p < 0.001$），服务型领导（X）与权力距离（U）的交互项（UX）对心理所有权（W）的效应不显著（$a_3 = 0.002$，$t = 0.034$，$p = 0.973$）；心理所有权（W）对建言行为（Y）的效应不显著（$b_1 = 0.133$，$t = 1.584$，$p = 0.115$），权力距离（U）与心理所有权（W）的交互项（UW）对建言行为（Y）的效应显著（$b_2 = -0.204^{**}$，$t = -2.660$，$p < 0.01$）。由此可知，$a_1 b_2$ 是显著的，根据温忠麟给出的有调节的中介模型的层次检验流程可知，① 检验系数 $a_1 b_2$、$a_3 b_1$、$a_3 b_2$ 其中至少有一组显著，即可认为中介效应受到调节，所以，由图 7—4 可知，权力距离是通过心理所有权对服务型领导与建言行为中介作用的后半路径起到负向调节效应的。即 H9 得到验证。

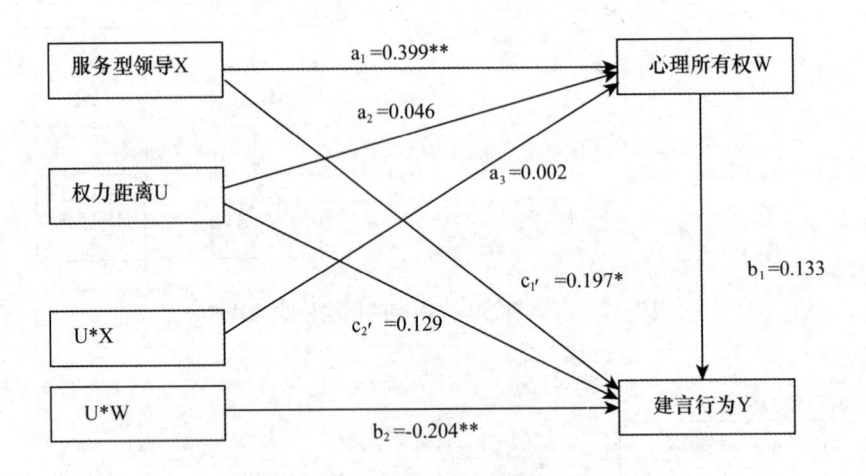

图 7—4　有调节的中介效应路径分析图

注：* 表示在 0.05 的水平上显著；** 表示在 0.01 的水平上显著。

用同样的方法来检验服务型领导（X）经过心理所有权（W）

---

① 温忠麟、叶宝娟：《有调节的中介模型检验方法：竞争还是替补》，《心理学报》2014 年第 46 卷第 5 期。

对促进性建言行为（Y）的中介效应是否受到权力距离（U）的调节。代入公式（7—1），结果如下：服务型领导（X）对促进性建言行为（Y）的效应显著（$c_1 = 0.170*$，t = 2.295，p < 0.05），服务型领导（X）与权力距离（U）的交互项（UX）对促进性建言行为（Y）的效应不显著（$c_3 = -0.067$，t = -0.903，p = 0.368）。说明服务型领导与促进性建言之间的直接效应未受到权力距离（U）的调节。再建立有调节的中介模型（直接效应不受到调节），依次代入方程（7—2）（7—3），结果显示：服务型领导（X）对心理所有权（W）的效应显著（$a_1 = 0.399***$，t = 6.151，p < 0.001），服务型领导（X）与权力距离（U）的交互项（UX）对心理所有权（W）的效应不显著（$a_3 = 0.002$，t = 0.034，p = 0.973）；心理所有权（W）对促进性建言行为（Y）的效应不显著（$b_1 = 0.095$，t = 1.119，p = 0.265），权力距离（U）与心理所有权（W）的交互项（UW）对促进性建言行为（Y）的效应显著（$b_2 = -0.230**$，t = -2.971，p < 0.01）。由此可知，权力距离是通过心理所有权对促进性建言行为中介作用的后半路径起到负向调节效应的。H9-1成立。从本章第三节内容可知，心理所有权在服务型领导与促进性建言行为之间中介作用不显著，而在加入调节变量即权力距离后，心理所有权的中介作用得到验证。这一结果同样验证了陈晓萍等主编的组织与管理研究方法中所介绍的检验方法，在验证被调节的中介作用时，自变量不必要与中介变量有显著的关系，因为由于调节变量的存在，这种平均中介作用可能会不显著。

用同样的方法来检验服务型领导（X）经过心理所有权（W）对抑制性建言行为（Y）的中介效应是否受到权力距离（U）的调节。代入公式7—1，结果如下：服务型领导（X）对抑制性建言行为（Y）的效应显著（$c_1 = 0.294^{***}$，t = 4.178，p < 0.001），服务型领导（X）与权力距离（U）的交互项（UX）对促进性建言行为（Y）的效应不显著（$c_3 = -0.090$，t = -1.280，p = 0.202）。说明服务型领导与抑制性建言之间的直接效应不受权力距离（U）的调节。再建立有调节的中介模型（直接效应不受到调节），依次代入方程7—2、7—3，结果显示：服务型领导（X）对心理所有权（W）的效应显著（$a_1 = 0.399^{***}$，t = 6.151，p < 0.001），服务型领导（X）与权力距离（U）的交互项（UX）对心理所有权（W）的效应不显著（$a_3 = 0.002$，t = 0.034，p = 0.973）；心理所有权（W）对抑制性建言行为（Y）的效应不显著（$b_1 = 0.151$，t = 1.849，p = 0.066），权力距离（U）与心理所有权（W）的交互项（UW）对促进性建言行为（Y）的效应显著（$b_2 = -0.152^*$，t = -2.054，p < 0.05）。由此可知，权力距离是通过心理所有权对抑制性建言行为中介作用的后半路径起到负向调节效应的。假设H9-1成立。

同时为了综合检验研究发现的各变量的路径机制，本研究结合以上回归分析和第五章提出的实证模型，用Mplus 7.0构建了服务型领导、心理所有权、权力距离、建言行为的关系模型，对所有路径进行综合验证，结果如图7—5所示。

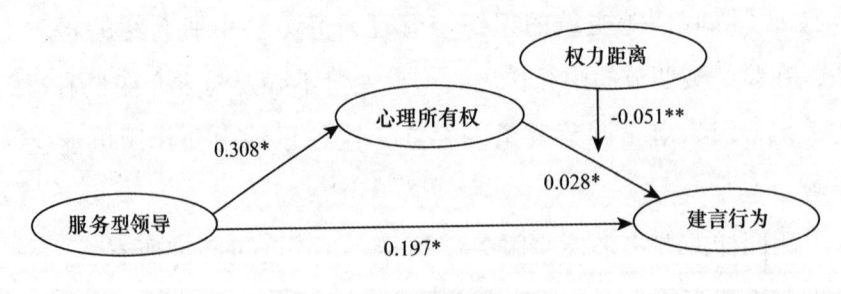

图7—5 综合模型

综上所述，权力距离通过心理所有权对促进性建言行为和抑制性建言行为中介作用均起到负向调节效应。对于高权力距离的员工而言，服务型领导的服务、授权使员工获得对组织的心理所有权时，出于对领导的关怀和服务的回报，反而对服务型领导的权力差异更加认可，更加认可自己的权力从属地位，从而抑制自己建言的积极性，虽然服务型领导的授权使他们获得了一定的心理所有权，但是，高权力距离的员工并没有从内心获得心理授权，而是仅仅获得依附领导的心理所有权，而这种基于对领导权力的依附和认可的心理所有权将会抑制员工的建言行为。低权力距离导向的员工更容易接受领导的心理授权，在出于情感交换的目的而进行建言的过程中能够避免受到自身从属地位的干扰，从而能够更积极地提出自己的合理化意见，在服务型领导通过影响员工自我效能感从而刺激其建言的过程中，员工对从属地位较低的敏感度将有助于避免其建言过程中的诸多顾虑，增加其心理安全感，从而促进其更加真实地、彻底地提出自己的意见和看法。这与谭新雨等的验证结果是一致的。[1]

综上所述，将本书的假设验证结果汇总如下：

表7—31　　　　　　　　假设检验结果汇总

假设	假设内容	结果
H1	人口统计学变量与员工的建言行为显著相关	部分成立
H1-1	员工的性别、年龄、文化程度、工作年限、单位性质和单位规模等不同，其促进性建言行为存在显著差异	部分成立
H1-2	员工的性别、年龄、文化程度、工作年限、单位性质和单位规模等不同，其抑制性建言行为存在显著差异	部分成立
H2	服务型领导对员工的建言行为具有显著的正向影响	成立

---

[1] 谭新雨、刘帮成：《服务型领导、心理所有权与员工建言行为的研究——权力距离导向的调节作用》，《上海交通大学学报》（哲学社会科学版）2017年第25卷第5期。

续表

假设	假设内容	结果
H2-1	服务型领导对员工的促进性建言行为具有显著的正向影响	成立
H2-1a	情绪抚慰对促进性建言行为具有显著的正向影响	成立
H2-1b	劝说引导对促进性建言行为具有显著的正向影响	成立
H2-1c	利他使命感对促进性建言行为具有显著的正向影响	不成立
H2-1d	预见性智慧对促进性建言行为具有显著的正向影响	成立
H2-1e	社会责任感对促进性建言行为具有显著的正向影响	不成立
H2-2	服务型领导对员工的抑制性建言行为具有显著的正向影响	成立
H2-2a	情绪抚慰对抑制性建言行为具有显著的正向影响	成立
H2-2b	劝说引导对抑制性建言行为具有显著的正向影响	成立
H2-2c	利他使命感对抑制性建言行为具有显著的正向影响	成立
H2-2d	预见性智慧对抑制性建言行为具有显著的正向影响	成立
H2-2e	社会责任感对抑制性建言行为具有显著的正向影响	成立
H3	变革型领导对员工的建言行为具有显著的正向影响	成立
H3-1	变革型领导对促进性建言行为具有显著的正向影响	不成立
H3-1a	德行垂范对促进性建言行为具有显著的正向影响	不成立
H3-1b	愿景激励对促进性建言行为具有显著的正向影响	不成立
H3-1c	个性化关怀对促进性建言行为具有显著的正向影响	不成立
H3-1d	领导魅力对促进性建言行为具有显著的正向影响	不成立
H3-2	变革型领导对抑制性建言行为具有显著的正向影响	成立
H3-2a	德行垂范对抑制性建言行为具有显著的正向影响	成立
H3-2b	愿景激励对抑制性建言行为具有显著的正向影响	成立
H3-2c	个性化关怀对抑制性建言行为具有显著的正向影响	成立
H3-2d	领导魅力对抑制性建言行为具有显著的正向影响	成立
H4	家长式领导对员工建言行为存在影响作用	成立
H4a	仁慈领导对促进性建言行为具有显著的正向影响	成立
H4b	德行领导对促进性建言行为具有显著的正向影响	成立
H4c	权威领导对促进性建言行为具有显著的负向影响	成立
H4d	仁慈领导对抑制性建言行为具有显著的正向影响	成立

续表

假设	假设内容	结果
H4e	德行领导对抑制性建言行为具有显著的正向影响	成立
H4f	权威领导对抑制性建言行为具有显著的负向影响	成立
H5	服务型领导对心理所有权具有显著的正向影响	成立
H6	心理所有权对员工建言行为具有显著的正向影响	成立
H6-1	心理所有权对促进性建言行为具有显著的正向影响	成立
H6-2	心理所有权对抑制性建言行为具有显著的正向影响	成立
H7	心理所有权对服务型领导与员工建言行为之关系起到中介作用	成立
H7-1	心理所有权对服务型领导与促进性建言行为之关系起到中介作用	不成立
H7-2	心理所有权对服务型领导与抑制性建言行为之关系起到中介作用	成立
H8	权力距离在心理所有权与员工建言行为之间的关系中起负向调节作用	成立
H8-1	权力距离在心理所有权与员工促进性建言行为之间的关系中起负向调节作用	成立
H8-2	权力距离在心理所有权与员工抑制性建言行为之间的关系中起负向调节作用	成立
H9	权力距离负向调节了服务型领导通过心理所有权影响建言行为的中介作用	成立
H9-1	权力距离负向调节了服务型领导通过心理所有权影响促进性建言行为的中介作用	成立
H9-2	权力距离负向调节了服务型领导通过心理所有权影响抑制性建言行为的中介作用	成立

第八章

主要结论与启示

随着全球经济一体化和以互联网为代表的现代科学技术的飞速发展，企业组织面临技术变革日新月异和环境日趋复杂多变带来的众多挑战。各类企业在应对这场技术变革时，如何提升企业的正常运作效率、保证企业组织的核心竞争力是必修的功课。如果应对不佳，企业则面临随时可能被市场淘汰的危机。人力资源是企业的一项重要资源，当其具有有价值、稀缺、难以模仿、不可替代等特点时，才能成为企业核心竞争力的来源。但由于人力资源难以描述、未编码、不可交易的隐蔽性，它不宜在企业间传递复制成为一种可流动的资源。如何通过领导和员工视角打造核心竞争力，提升企业的风险应对能力和组织创新能力，并基于此，塑造和树立自身可持续的市场竞争优势与形象，日益成为现代企业组织所关注的重要问题之一。人力资源特别是人才在企业持续发展的过程中扮演重要角色。如何发现人才的作用还未形成统一的观点，尤其是企业组织涉及上下级两类人才角色的定位问题，更是难以调控把握。

在企业管理的实践中，管理者不可避免地会出现或大或小的错误，及时纠正这些错误对于企业的正常运行和提高效率至关重要。在新的经济发展形势下，员工在工作中表现出来的组织公民行为特别是员工的角色外行为在一定程度上减少了部门、员工之间的摩擦、不和及冲突，同时也能够从实际角度来改善组织绩效并提升竞争优势。作为角色外行为之一的建言行为是一种较为复杂、模糊的个体行为，却对公司的发展发挥着极为重要的作用。从最优角度来说，员工能够为企业的发展出谋划策，企业组织的发展离不开员工，愿意理性看待员工的建言，以"有则改之无则加勉"的态度进行自我反思，从而保持员工与管理的双向流动，促进企业组织的良好发展。但是实际上很少有员工敢于向管理者提出建言，以至于组织中的很多问题得不到及时纠正，最终对组织变革与发展造成危害。

第一节 主要结论

本研究试图去寻找建言行为的影响因素，认为来自管理者的服务型领导风格是可以提高员工建言行为的一个重要影响因素，且这种领导风格是通过员工的心理所有权最终影响到员工的建言行为。通过对企事业单位配对样本进行了实证分析，具体研究领导管理风格对建言行为有何影响，其影响机制如何，以及在这个过程中个体的变量如何影响建言行为等问题。

结论1：实证研究表明，服务型领导能够显著预测员工的建言行为。

服务型领导的程度越高，越有利于员工进行建言，这是因为，在服务型领导的组织中，领导将员工的需求、愿望和利益放在自身利益之上，并且为组织中每一位员工服务。因此组织成员能够感受到领导的服务，其自身的需求也能得到很好地满足，同时，由于建言行为带有很大的风险性，而服务型领导能够增强员工的组织信任和领导信任，减少员工因为建言而受到打击报复的担心，所以服务型领导能够促进员工的建言行为。就每个维度来说，情绪抚慰、劝说引导、利他使命感、预见性智慧、社会责任感均可以显著正向地影响员工建言行为，这五个维度均可正向影响员工的抑制性建言，仅情绪抚慰、劝说引导、预见性智慧这三个维度对于员工促进性建言行为具有正向影响。员工的工作态度和工作行为会受到直属领导的影响，当领导采用服务型领导方式对待员工时，员工可以感受到领导以人为本的领导理念，领导的情绪抚慰、劝说引导和利他使命感都使得员工可以感受到领导对自己的宽容和帮助，宽容使得员工更愿意或者说更容易向公司提出自己的意见。当员工感觉到了领导给予自身的支持和关爱，则员工愿意呈现出更多的组织公民行为，例如积极的建言献策行动，用以反馈和回报领导对自身的关怀与优待，提出对组织有意义的重要信息或新建议。而领导的预见性智慧使得员工更容易相信领导，相信领导的判断能力，愿意向领导提出自己的建议并相信领导对自己的建议能够正确地看待；领导的社会责任感是领导的一种人格魅力，激发下属对于领导的追随力以及做出更多有利于公司的事情，同时，员工相信领导可以公平公正地对待自己向公司提出意见这种行为，因此更有利于激发员工产生建言行为。

此研究结论一方面说明了服务型领导是影响建言行为非常重要的因素之一，另一方面也说明了服务型领导管理风格能够通过提升员工对组织的认同、情感等保健因素来激励员工积极采取建言行为。

结论2：与其他领导风格（变革型领导、家长式领导）相比，服务型领导对员工建言影响具有增量效应。

基于领导行为比较的视角，本书通过实证研究比较服务型领导、变革型领导和家长式领导对员工建言行为的影响，结果表明：在调查的企业单位中，服务型领导、变革型领导、家长式领导三种领导风格的均值分别为3.976、4.152、3.606，虽然服务型领导水平并不是最高的,但在考察领导风格对员工的建言行为的预测作用时发现,三种领导风格都对员工建言行为具有显著正向影响,但是服务型领导比变革型领导和家长式领导对员工建言行为的影响更大,表现出显著的增量效应。邓志华等进行了服务型领导与家长式领导对员工态度和行为影响的比较研究。结果表明,这两类领导风格对员工工作满意度和组织公民行为都有显著正向影响,对工作场所偏离行为都有显著负向影响。[①] 孙健敏、王碧英的研究也发现,服务型领导对周边绩效和异常行为的单独预测效果要优于变革型领导,在控制变革型领导的情况下,服务型领导对员工周边绩效、异常行为具有显著的增量预测效果。[②] 结合这些研究可以认为,服务型领导更容易激发员工的建言行为,这充分说明服务型领导对我国企业员工具有更高的领导效能。

结论3:服务型领导这一领导行为对员工建言行为的影响是通过员工层面的心理所有权实现的,员工在组织中感知到的占有感、拥有感是员工建言行为的内在驱动。

实证研究表明,心理所有权是作为服务型领导影响员工建言行为的中介变量,在服务型领导—员工建言之间起部分中介作用。与其他组织公民行为不同,建言行为的特别之处在于它的风险性。当员工感知不到组织对其的支持与安慰,没有一点"家"的感觉,经常处于随时被"炒鱿鱼"的惊惧中,哪怕随时顺从领导,仍旧无法改变领导决定你去留的意见,在这样被动、危险的境地中,员工的生存、安全等基本的需求就无法得到保障,更难以主动向公司建言。因为建言具有的这种风险致使员工随时可能被辞退,因此,即

[①] 邓志华、陈维政、黄丽、胡冬梅:《服务型领导与家长式领导对员工态度和行为影响的比较研究》,《经济与管理研究》2012年第7期。

[②] 孙健敏、王碧英:《公仆型领导:概念的界定与量表的修订》,《商业经济与管理》2010年第5期。

使有好的改进措施，员工大多会继续保持沉默，这才是明哲保身之道。充分的服务型领导行为是一种对员工的信任，感受到领导信任的员工会把企业当作家，把领导和同事当作家人，情绪抚慰、劝说引导和利他使命感这些都是服务型领导给员工带来的家的感觉，增强了员工的归属感。另外，受到关怀与重视的员工会对组织和工作形成较为强烈的认同感与责任感，催生了员工对组织的心理所有权，从而激励员工积极为组织的发展建言献策，甚至甘愿不计个人得失和后果，敢于来做自己认为正确的有利于组织进步的事，即使是发表对人际关系和现状的严峻挑战的抑制性建言行为。

结论4：在服务型领导—心理所有权—建言行为这一作用机制中，权力距离起调节作用。

具体来说，权力距离负向调节了服务型领导通过心理所有权影响建言行为的中介作用。也就是说，当员工的心理所有权处于同一水平或同种变化程度时，在低权力距离下属身上表现出建言行为的改变量显著超过高权力距离。进一步检验促进性建言行为与抑制性建言时，发现了权力距离对心理所有权与促进性建言的负向调节作用显著，但对抑制性建言的调节作用不显著。

对于高权力距离导向的员工而言，较高水平的心理所有权令他们对组织中的权力分配和从属地位更加认可，从而抑制他们建言的积极性，而低权力距离导向的员工更容易接受领导的心理授权，在出于情感交换的目的而进行建言的过程中能够避免受到自身从属地位的干扰，从而能够更积极地提出自己的合理化意见。在服务型领导通过影响员工心理所有权从而刺激其建言的过程中，员工与领导之间交流距离的远近影响其建言行为的表现。感知到低权力距离的员工，与领导在相处时更多处于一种相互尊重、平等、轻松的氛围中，心中并无诸多顾虑，感知到心理安全感比较强，从而能更加真实地、彻底地提出自己的意见和看法。

第二节 启示

建言行为是组织的一种积极、正向的资源，如何有效地激发员工建言则成为企业管理工作的重要议题。本研究结果可为具体的管理实践提出以下参考：将管理理念转变为激发员工的主动性，鼓励促进员工建言，让员工参与到组织的管理和决策中化为切实的实践，为组织长远发展提供充足的动力源泉。对于员工的建议要给予充分的尊重，管理层应该认真对待来自员工的不同意见和想法。对于员工的看法和建议组织应给予及时的反馈，采纳员工提出来的合理建议，对不太恰当的建议也应该给予回应和尊重。管理者要注意组织环境中心理安全的营造。让员工在组织中大胆地表达自身的意见和建议，提出不同的看法时不必担心面临各种压力和威胁；在组织中塑造一种公平公正坦诚的组织氛围，培养员工良好的组织归属感，让员工除了专注自身工作外，大胆为组织建言献策。这个过程注定是缓慢的，不能一蹴而就，需要采用正负向强化等方法来建立这样一种安全氛围。

一 营造服务型领导的组织文化氛围

在现代组织中应推广服务型领导方式，鼓励在组织内营造一种服务氛围，增加组织成员在职位上所拥有的资源数量和质量，这样有助于组织员工的自我实现，提高其自我效能感和建言角色认同，从而为其建言提供条件。组织应该积极宣传和提倡服务型领导方式，建立以服务型领导为导向的组织文化。这其中，领导者作为实践的主体，是服务型领导的实施者，应该提高自己的专业和道德修养，增强服务意识，为组织的服务文化氛围的营造提供良好的榜样引导力，更好地践行服务型领导。

作为领导者，要想真正激发员工主动建言的积极性，可考虑从组织文化管理理念角度进行反思，让员工理解并且感受到企业文化理念中所传递、渗透出来的价值导向。在企业管理实践过程中，涉及提案处理、优秀员工表彰、首席技师评定、岗位技能水平考评、专业技术职称评定、管理岗位晋升、调薪调整等与员工利益密切相关的工作过程中，要有可行性的适当倾斜政策，在同等条件下择优考虑敢于建言、善于建言的员工。

二　建立健全服务型领导制度建设

服务型领导行为可以满足多个利益相关者的需求，包括客户、员工、其他管理人员及组织所在的社区等。首先，管理者们应该被鼓励去从事服务型领导行为。实践中，组织可以使用服务型领导培训项目来关注管理者们服务型领导行为的发展。对于那些有潜力的领导者可以进行服务型领导的项目培训。而对于那些服务型领导行为较低的领导者，组织可以进行重点干预和帮助。同时，可以通过对员工进行跟踪调查，来评估他们的经理人是怎样展示服务型领导行为。这将有助于继续指导这些经理人的职业发展。此外，还可以通过性格评估来考察员工是否具备服务型领导风格的行为特征（例如服务于他人等），这将作为选择和提升员工时可以参考的因素。

三　培养授权氛围，提升员工及团队建言意识

服务型领导可以通过提高下属的心理授权，从而进一步改善员工的工作绩效和创新性行为。管理者需要理解重点发挥服务型领导的角色作用，通过培养授权的氛围能够促进员工创造力的提升。同时，管理者可以利用授权策略，确保与他们的下属保持高水平的相互信任，尊重下属，增强下属员工的参与权与自主权，并为下属提供支持和鼓励以帮助他们开发新技能和实现其创新性目标。总而言

之，管理者们需要提升授权氛围，这样将有利于提高员工个人创造力。

另外，管理者们应认识到发展自我效能信念的重要性，因为它可以增强员工个人及团队创造力。因此，可以将增强管理者提升员工个人创新性自我效能感和团队效能感的技能内容纳入领导培训项目中。同时，研究结果显示，鼓励管理者从事服务型领导行为非常重要，因为这将有利于提高员工的自我效能信念，最终将提升员工的创新性结果。

四 加强服务型领导培训，提升领导者服务水平

服务型领导在员工面前，既是领导者也是服务者。服务型领导的角色首先是去服务，努力实现下属的利益，在服务的过程中成为领导。其跟随者的角色是成为服务者或服务型领导，自己变得更加自主、更智慧、更自由。并且，领导者和成员之间除了有领导和被领导的关系以外，领导成员之间的关系更多的是领导者服务员工、员工服务领导者的彼此服务的关系。在服务型领导的组织中，领导将员工的需求、愿望和利益放在自身利益之上，并且为组织中每一位员工服务。因此组织成员能够感受到领导的服务，其自身的需求也能得到很好地满足，同时，由于建言行为带有很大的风险性，而服务型领导能够增强员工的组织信任和领导信任，减少员工对因为建言而受到打击报复的担心，所以服务型领导能够促进员工的建言行为。就服务型领导的不同维度来说，情绪抚慰、劝说引导、利他使命感、预见性智慧、社会责任感均可以显著正向地影响员工建言行为。

员工建言的对象通常是上级领导，员工对上级领导的响应性和可接近性的感知会对建言决定产生重大影响。授权型领导风格则是通过适当授权、鼓励员工参与，给予员工一定的工作自由度和自主

性，提高员工对工作的控制感。授权型领导风格同时意味着对员工的尊重和信任，有利于减弱高权力距离文化的负面效应。在日常工作过程中，领导要充分考虑到不同层级、专业知识结构的员工所呈现的差异化建言需要，可灵活地采用服务型领导方式，避免"一言堂"，要善于倾听，唯其如此，员工才愿意表现出更多的角色外行为，积极为企业发展建言献策。

服务型领导属于践行服务的领导类型。领导者只有将自身转型为服务者，以团队作为服务对象，有效保障团队成员的工作环境优质性，为团队成员解决后顾之忧，才能真正使团队产生企业所需的绩效。为提高服务型领导管理成效，可从领导者和组织者两个层面进行服务型领导者的塑造。建议公司积极倡导和宣传服务型领导，组建起以服务型领导为导向的企业文化。而领导者自身在进行服务型领导的自我塑造过程中，更需要不断提升自我道德修养和专业素养，以便充分发挥服务型领导的职能和效应。

五 权变采用领导风格，建立合理建言激励机制

建言行为是组织汲取众人的智慧，促进变革创新的有效途径。研究表明员工是否愿意或者能够建言很大程度上取决于领导方式。服务型领导通过清晰传达愿景和自身魅力的影响，改变下属的价值观和信念，激发员工推动变革与创新，鼓励员工独立思考，注重开发员工的潜能，启发其从不同角度思考问题，耐心倾听员工的意见，采纳他们的合理化建议，给员工创造了一个安全的心理环境和良好的建言氛围。交易型领导通过设立明确的目标、合理的奖励体系以及积极的例外管理来激励员工积极建言。领导风格并不是一成不变的，因此，组织中的领导可以根据不同下属的需要和组织的文化导向，灵活采用变革型领导风格或交易型领导风格，权变使用感召力、智力激发、个性化关怀和权变奖励等行为，把物质奖赏和精

神激励结合起来,最大限度地促进员工积极主动的建言行为。同时要把握好对建言行为进行激励的度,避免员工过分追求奖励而使建言行为变质。

员工建言献策的积极性、主动性的牵引动力在于激励机制。故此,应当针对建言行为及其预期价值,倡导并且建立起科学、合理的奖励标准,既要让员工充分表达建言意愿,又要给予必要的物质奖励、观念认同、晋升机会。比如制定《员工建言管理办法》,按照公司《员工建言管理办法》所规定的受理、评审、奖励兑现流程,及时发布评审结果,甚至可以在工资结构中增设"优秀建言奖"项目,及时兑现物质奖励与精神奖励,并通过专题研讨会、成果发布会等形式,在企业内刊、内部 OA、企业门户网站、微博、微信等企业媒体及时宣传、推广优秀建言提案。

六 鼓励员工参与决策,为员工建言提供有效途径

领导者要促进员工的积极建言,就必须鼓励员工参与到组织的决策中来。让员工参与决策,提出合理化建议,并不是一种形式,而是充分尊重员工的建设性意见和优秀想法,并运用到组织中的改革与创新活动中,使之切实推动组织的发展。鼓励员工建言,一方面要建立员工参与决策的组织机制,保持顺畅的沟通渠道;另一方面,领导者要认真对待各种不同的意见和想法,对员工的建议及时予以反馈,采纳最合理最可行的建议,对于不太适合的提议也要给予充分的尊重。此外,良好的组织文化有助于增强领导与下属以及成员之间的互相信任,减少建言时的敌意和误会,消除人际关系上的顾虑。开放和包容的建言氛围可以激发员工对工作的热情和创造性思维,促进下属积极主动地为组织的发展出谋献策。

企业组织应满足员工参与决策的意愿,合理授权,让员工体验到工作有意义,激发其为组织献计献策的意愿,是提升组织竞争

力、实现企业与员工双赢的重要途径。鼓励员工参与"提案评审——及时论证——有效反馈——持续改进"等管理变革活动，参与修订程序文件、管理制度及其实施细则等方式，将确实有价值的建言运用到企业管理和创新活动中去。让员工能够感受到对其建言价值的倡导、肯定、鼓励。

七　重视员工心理所有权的培养和开发

服务型领导通过增加对员工的服务，增强了员工对组织的归属感；通过对员工的授权，增强员工的自我效能感和工作主动性，从而产生对组织的心理所有权。而员工的心理所有权增强了员工对组织的责任感和使命感，强化自己在组织的投入度，展现更多诸如建言行为的角色外行为。员工对组织的心理所有权也使其建言过程中心理安全感增强的同时，敢于为建言行为承担风险。员工的工作态度和工作行为也会受到直属领导的影响，当领导采用服务型领导方式对待员工时，员工可以感受到领导以人为本的领导理念，领导的情绪抚慰、劝说引导和利他使命感都使得员工可以感受到领导对自己的宽容和帮助，宽容使得员工更愿意或者说更容易向公司提出自己的意见。

领导表现出越多的服务型领导行为，员工的心理所有权感知就越强烈。一方面，服务型领导行为提倡分享权力，提倡自主决策，给予情绪抚慰、劝说引导帮助员工成长并克服困难，这些都可以带给员工"家"一般的感觉，从而产生心理所有权。充分的服务型领导行为是一种对员工的信任，感受到领导信任的员工会把企业当作家，把领导和同事当作家人，而中国人一想到家，就会联想到自由的环境以及父母给予我们的成长和关怀。情绪抚慰、劝说引导和利他使命感这些都是服务型领导给员工带来的家的感觉，把工作当作是自己分内的事，会对组织和工作有意识地进行保护、控制、完善等，这种情况下，一旦有可以让工作变得更好的想法，员工就会积极地向组织和领导提出来，以期把工作做得更完美，让组织变得更好。另一方面，受到关怀与重视的员工会对组织和工作形成较为强烈的认同感与责任感，催生了员工对组织的心理所有权，从而激励员工积极为组织发展建言献策，甚至甘愿不计个人得失和后果，敢于来做自己认为正确的有利于组织进步的事，即使是发表对人际关系和现状的严峻挑战的抑制性建言行为。

八 增强员工归属感，提高员工主动建言意识

管理者可以考虑提高员工对组织和团队的认同感和归属感，从而进一步降低下属的离职意向和离职行为。员工团队认同在员工工作投入与工作绩效中扮演着重要角色，管理者们可以通过提高员工的团队认同来降低他们的离职意向。因此，当管理者们在考虑怎样降低员工离职率时，他们可以首先考虑提高员工对组织和团队的认同感和归属感，从而进一步降低下属的离职意向和离职行为。

组织管理者应培养员工心理所有权，增强员工归属感提高建言意识。员工心理所有权的大小对建言行为起着正向的调节，企业领导应采用一种开明鼓励的态度，给予员工更多的支持和肯定，开拓更多的渠道和提议方式，与此同时要制定相应的制度和奖励措施培养员工心理所有权以保障和促进员工的建言行为。组织应提升员工对组织的责任感和义务感，增强员工的参与意识、主动性，是激发员工建言的重要因素。要善于塑造组织社会公众形象，尤其是提升品牌美誉度、综合竞争力。比如，在新员工入职培训的课程中，应充分考虑将组织精神教育融于培训课程之中，通过企业发展简史、励志故事、社会公益、先进表彰等活动，培育岗位主人翁精神，真正将心系于企业。

九 鼓励领导授权

权力距离导向作为个体文化价值观的一个提炼，它反映了个体对待权力以及权力关系的态度。权力距离导向不仅调节心理所有权与员工建言行为的关系，而且调节服务型领导对员工建言行为的间接效应。对于高权力距离导向的员工而言，较高水平的心理所有权令他们对组织中的权力分配和从属地位更加认可，从而抑制他们建言的积极性。而低权力距离导向的员工则对组织中权力分配和从属地位敏感度较低，受到影响后在建言献策过程中反应更为明显。

权力距离通过心理所有权对促进性建言行为和抑制性建言行为中介作用均起到负向调节效应。对于高权力距离的员工而言，服务型领导的服务、授权使得员工获得对组织心理所有权的时候，出于对领导的关怀和服务的回报，反而对与服务型领导的权力差异更加认可，更加认可自己的权力从属地位，从而抑制自己建言的积极性，服务型领导的授权使他们获得了对组织的心理所有权，但是，高权力距离的员工并没有从内心获得心理授权，而是仅仅获得依附领导的心理所有权，而这种基于对领导权力的依附和认可的心理所有权将抑制员工的建言行为。低权力距离导向的员工更容易接受领导的心理授权，在出于情感交换的目的而进行建言的过程中能够避免受到自身从属地位的干扰，从而能够更积极地提出自己的合理化意见，在服务型领导通过影响员工心理所有权从而刺激其建言的过程中，员工对从属地位较低的敏感度将有助于避免其建言过程中的诸多顾虑，增加其心理安全感，从而可以更加如实地提出自己的看法或建议。

服务型领导与员工分享权力，帮助员工提升能力，员工感受到上级的信任和自身的成长，愿意提供好的想法和意见作为回报。员工会感受到来自领导的尊重和信任，期望认真把握成为领导得力干将的机会，便会提出好的建议，得到认可与鼓励后，进一步促使员工自信心的增强，形成良好的建言氛围。从领导—成员交换理论来看，领导在分享权力的同时，对员工的工作技能进行必要的指导和开发，可以让员工缓解面临新挑战的紧张与压力，而员工心态成熟与能力提升的同时，会采用提出想法和建议的形式对领导进行回报。

第三节 不足与展望

当然本研究还存在一些不足和有待改进的地方：

第一，样本选取多样化有待进一步扩大。由于样本选取的限制，本书调查的企业类型较为单一，涵盖面不够广泛。同时由于仅调查的是河南省企业和组织，研究结论是否能进一步推广，还有待于扩大调查范围，深入研究，提高研究的有效性、科学性和普适性。

第二，研究问题有待进一步扩展、整合。本研究从领导层面、个体层面的因素来考虑其对组织行为的影响，而这其中不可避免会受到组织文化、组织制度等组织环境变量的影响。本研究未涉及这些组织环境变量的影响，未来研究可考虑其对服务型领导或建言行为的影响，并可采用跨层次的研究方法对这些变量及其关系进行探究和剖析，进一步补充、完善理论模型。

参考文献

（一）中文文献

[美]彼得·德鲁克:《有效的管理者》,吴军译,广东新世纪出版社1985年版。

[英]彭迈克:《中国人的心理》,邹海燕译,新华出版社1990年版。

蔡诗凝等:《护士长服务型领导行为与护士职业倦怠的相关性研究》,《中国护理管理》2013年第13期。

车丽萍、秦启文:《管理心理学》,武汉大学出版社2009年版。

陈浩:《心理所有权如何影响员工组织公民行为——组织认同与组织承诺作用的比较》,《商业经济与管理》2011年第7期。

陈浩、惠青山:《社会交换视角下的员工创新工作行为——心理所有权的中介作用》,《当代财经》2012年第6期。

陈晓萍、徐淑英、樊景立:《组织与管理研究的实证方法》,北京大学出版社2008年版。

陈晓萍、徐淑英、樊景立:《组织与管理研究的实证方法》,北京大学出版社2012年版。

崔光成主编:《管理心理学》,人民卫生出版社2013年版。

邓志华、陈维政、黄丽、胡冬梅:《服务型领导与家长式领导对员工态度和行为影响的比较研究》，《经济与管理研究》2012年第7期。

段锦云、凌斌：《中国背景下员工建言行为结构及中庸思维对其的影响》，《心理学报》2010年第10期。

段锦云、张倩：《建言行为的认知影响因素、理论基础及发生机制》，《心理科学进展》2012年第1期。

段锦云、钟建安：《组织中的进谏行为》，《心理科学》2005年第1期。

郭爱民：《管理学》，河南科学技术出版社2010年版。

郭晓薇：《权力距离对公平感与组织公民行为关系的调节作用研究》，《心理科学》2006年第29卷第2期。

焦石文：《中国权力结构转型的哲学研究》，中国社会科学出版社2015年版。

井辉：《中国情境下的员工建言行为影响因素研究》，经济科学出版社2017年版。

李超平、时勘：《变革型领导的结构与测量》，《心理学报》2005年第6期。

李锐、凌文辁、方俐洛：《上司支持感知对下属建言行为的影响及其作用机制》，《中国软科学》2010年第4期。

李宪：《服务型领导研究综述与展望》，《行政事业资产与财务》2016年第4期。

李梓涵昕：《服务型领导理论及其相关研究进展》，《价值工程》2011年第35期。

梁建、唐京：《员工合理化建议的多层次分析：来自本土连锁超市的证据》，《南开管理评论》2009年第12期。

刘正安：《心理所有权、工作态度对离职倾向的影响研究》，《顺德职业技术学院学报》2015年第13卷第4期。

彭聘龄：《普通心理学》，北京师范大学出版社 2012 年版。

彭妍玲：《试论权力距离对中国国有企业管理者管理行为的影响》，重庆大学硕士学位论文，2005 年。

时勘、高利苹、黄旭等：《领导授权行为对员工沉默的影响：信任的调节作用分析》，《管理评论》2012 年第 10 期。

史普原：《组织衰减的回馈与恢复机制——读赫希曼〈退出、呼吁与忠诚：对企业、组织和国家衰退的回应〉》，《社会学研究》2010 年第 3 期。

孙健敏、王碧英：《公仆型领导：概念的界定与量表的修订》，《商业经济与管理》2010 年第 5 期。

谭新雨、刘帮成：《服务型领导、心理所有权与员工建言行为的研究——权力距离导向的调节作用》，《上海交通大学学报》（哲学社会科学版）2017 年第 25 卷第 5 期。

汪纯孝、凌茜、张秀娟：《我国企业公仆型领导量表的设计与检验》，《南开管理评论》2009 年第 3 期。

王碧英、高日光：《中国组织情境下公仆型领导有效性的追踪研究》，《心理科学进展》2014 年第 22 期。

王沛、陈淑娟：《组织心理所有权与工作态度和工作行为的关系》，《心理科学进展》2005 年第 13 期。

温忠麟、叶宝娟：《有调节的中介模型检验方法：竞争还是替补》，《心理学报》2014 年第 46 卷第 5 期。

吴隆增、曹昆鹏、陈苑仪等：《变革型领导行为对员工建言行为的影响研究》，《管理学报》2011 年第 1 期。

吴维库、姚迪：《服务型领导与员工满意度的关系研究》，《管理学报》2009 年第 6 期。

严丹：《辱虐管理对员工建言行为影响的实证研究》，经济科学出版社 2014 年版。

杨齐:《心理所有权与员工知识共享:组织承诺的中介作用》,《图书馆理论与实践》2014 年第 10 期。

杨廷钫、凌文辁:《服务型领导理论综述》,《科技管理研究》2008 年第 3 期。

郑伯埙、周丽芳、樊景立:《家长式领导:三元模式的构建与测量》,《本土心理学研究》2000 年第 14 期。

周浩、龙立荣:《变革型领导对下属进谏行为的影响:组织心理所有权与传统性的作用》,《心理学报》2012 年第 44 卷第 3 期。

(二) 英文文献

A. O. Hirschman, *Exit, Voice, and Loyalty: Responses to Decline in Firms, Organizations, and States*, Cambridge, MA: Harvard University Press, 1970.

B. E. Ashforth, F. Mael, "Social Identity Theory and The Organization", *Academy of Management Review*, Vol. 14, 1989.

B. E. Winston, "Leadership: Four Styles", *Education*, Vol. 126, 2003.

B. L. Kirkman, G. Chen, J. L. Farh, et al., "Individual Power Distance Orientation and Follower Reactions to Transformational Leaders: A Cross-Level, Cross-cultural Examination", *Academy of Management Journal*, Vol. 52, 2009.

D. A. Eylon, K. Y. Au, "Exploring Empowerment Cross-Cultural Differences along the Power Distance Dimension", *International Journal of Intercultural Relations*, Vol. 23, 1999.

D. Farrell, C. Rusbult, "Understanding the Retention Function: A Model of The Causes Of Exit, Voice, Loyalty and Neglect Behaviors", *The Personnel Administrator*, 1985, Vol. 30.

D. Muller, C. M. Judd, V. Y. Yzerbyt, "When Moderation is Mediated and Mediation is Moderated", *Journal of Personality and Social Psychology*, Vol. 89, 2005.

D. Page, T. P. Wong, *A Conceptual Framework for Measuring Servant Leadership*, America: America University, 2000.

D. Vandewalle, L. Van Dyne, T. Kostova, "Psychological Ownership: An Empirical Examination of its Consequences", *Group & Organization Management*, Vol. 20, 1995.

Ernst Prelinger, "Extension and Structure of The Self", *The Journal of Psychology*, Vol. 47, 1959.

E. E. Joseph, B. E. Winston, "A Correlation of Servant Leadership, Leader Trust and Organizational Trust", *Leadership & Organization Development Journal*, Vol. 26, 2005.

F. J. Milliken, E. W. Morrison, P. F. Hewlin, "An Exploratory Study of Employee Silence: Issues That Employees Don't Communicate Upward and Why", *Journal of Management Studies*, Vol. 40, 2010.

F. O. Walumbwa, C. A. Hartnell, A. Oke, "Servant Leadership, Procedural Justice Climate, Service Climate, Employee Attitudes, and Organizational Citizenship Behavior: A Cross-Level Investigation", *Journal of Applied Psychology*, Vol. 95, 2010.

G. Brown, J. L. Pierce, C. Crossley, "Toward an Understanding of The Development of Ownership Feelings", *Journal of Organizational Behavior*, Vol. 25, 2014.

G. B. Graen, M. Uhlbien, "Relationship-based Approach to Leadership: Development of Leader-Member Exchange (LMX) Theory of Leadership Over 25 Years: Applying A Multi-level Multi-domain Perspective", *Leadership Quarterly*, Vol. 6, 1995.

G. Hofstede, "Motivation, Leadership, and Organization: Do American

Theories Apply Abroad?", *Organizational dynamics*, Vol. 9, 1980.

G. H. Hofstede, *Culture's Consequences: International Differences in Work-Related Values*, London: Sage Publications, 1984.

G. R. Oldham, A. Cummings, "Employee Creativity: Personal and Contextual Factors at Work", *Academy of Management Journal*, Vol. 39, 1996.

H. Barki, G. Paré, C. Sicotte, "Linking IT Implementation and Acceptance Via the Construct of Psychological Ownership of Information Technology", *Journal of Information Technology*, Vol. 23, 2008.

H. Tajfel, "Individuals and Groups in Social Psychology", *British Journal of Clinical Psychology*, Vol. 18, 1979.

J. A. Le Pine, L. Van Dyne, "Predicting Voice Behavior in Work Groups", *Journal of Applied Psychology*, Vol. 83, 1998.

J. A. Irving, "Utilizing The Organizational Leadership Assessment as a strategic tool for increasing the effectiveness of teams within organizations", *Journal of Management & Marketing Research*, Vol. 12, 2005.

J. A. LePine, L. Van Dyne, "Voice and Cooperative Behavior as Contrasting Forms of Contextual Performance: Evidence of Differencial Relationships with Big Five Personality Characteristics and Cognitive Ability", *Journal of Applied Psychology*, Vol. 86, 2001.

J. B. Avey, B. J. Avolio, C. D. Crossley, et al., "Psychological Ownership: Theoretical Extensions, Measurement and Relation to Work Outcomes", *Journal of Organizational Behavior*, Vol. 30, 2009.

J. D. Porteous, "Home: The Territorial Core", *Geographical Review*, Vol. 66, 1976.

J. E. Barbuto, D. W. Wheeler, "Scale Development and Construct Clarification of Servant Leadership", *Group & Organization Manage-*

ment, Vol. 31, 2006.

J. Liang, C. I. C. Farh, J. L. Farh, "Psychological Antecedents of Promotive and Prohibitive Voice: A Two-Wave Examination", *Academy of Management Journal*, Vol. 55, 2012.

J. L. Farh, P. C. Earley, S. C. Lin, "Impetus for Action: A Cultural Analysis of Justice and Organizational Citizenship Behavior in Chinese Society", *Administrative Science Quarterly*, Vol. 42, 1997.

J. L. Pierce, I. Jussila, *Psychological Ownership and the Organizational Context: Theory, Research Evidence, and Application*, Edward Elgar Publishing, 2011.

J. L. Pierce, T. Kostova, K. T. Dirks, "Toward a Theory of Psychological Ownership in Organizations", *Academy of Management Review*, Vol. 26, 2001.

J. Schaubroeck, S. S. Lam, A. C. Peng, "Cognition-Based and Affect-Based Trust as Mediators of Leader Behavior Influences on Team Performance", *Journal of Applied Psychology*, Vol. 96, 2011.

J. W. Graham, "Servant-leadership in Organizations: Inspirational and Moral", *The Leadership Quarterly*, Vol. 2, 1991.

J. L. Pierce, S. Rubenfeld, S. Morgan, "Employee Ownership: A Conceptual Model of Process and Effects", *Academy of Management Review*, Vol. 16, 1991.

K. Y. Wang, D. Z. Nayir, "Procedural Justice, Participation and Power Distance: Information Sharing in Chinese Firms", *Management Research Review*, Vol. 33, 2009.

L. Spears, "Reflections on Robert K. Greenleaf and Servant-leadership", *Leadership & Organization Development Journal*, Vol. 17, 1996.

L. S. Aiken, S. G. West, R. R. Reno., *Multiple Regression: Testing and Interpreting Interactions*, Sage, 1991.

L. Van Dyne, J. L. Pierce, "Psychological Ownership and Feelings of Possession: Three Field Studies Predicting Employee Attitudes and Organizational Citizenship Behavior", *Journal of Organizational Behavior*, Vol. 25, 2004.

L. V. Dyne, S. Ang, I. C. Botero, "Conceptualizing Employee Silence and Employee Voice as Multidimensional Constructs", *Journal of Management Study*, Vol. 40, 2003.

Markku Ikävalko, Timo Pihkala, Iiro Jussila., "A Family Dimension of SME Owner-managers' Ownership Profiles - A Psychological Ownership Perspective", *Electronic Journal of Family Business Studies*, Vol. 1, 2008.

M. D. Mumford, G. M. Scott, B. Gaddis, et al, "Leading Creative People: Orchestrating Expertise and Relationships", *The Leadership Quarterly*, Vol. 13, 2002.

M. Fridell, R. N. Belcher, P. E. Messner, "Discriminate Analysis Gender Public School Principal Servant Leadership Differences", *Leadership & Organization Development Journal*, Vol. 30, 2009.

M. G. Ehrhart, "Leadership and Procedural Justice Climate as Antecedents of Unit-level Org", *Personnel Psychology*, Vol. 57, 2004.

M. L. Farling, A. G. Stone, B. E. Winston, "Servant Leadership: Setting The Stage For Empirical Research", *The Journal of Leadership Studies*, 1999.

M. Mulder, *International Series on the Quality of Working Life: VI. The Daily Power Game*, Oxford, England: Martinus Nijhoff, 1977.

O. E. Varela, E. L. Salgado, M. V. Lasio, "The Meaning of Job

Performance in Collectivistic and High Power Distance Cultures: Evidence from Three Latin American Countries", *Cross Cultural Management: An International Journal*, Vol. 17, 2010.

P. C. Early, M. Erez, "Comparative Analysis of Goal-Setting Stategies Across Cultures", *Journal of Applied Psychology*, Vol. 72, 1997.

P. W. Dorfman, J. P. Howell, "Dimensions of National Culture and Effective Leadership Patterns: Hofstede Revisited", *Advances in International Comparative Management*, Vol. 10, 1988.

R. Ashford, "Louis Kelso's Binary Economy", *The Journal of Socio-Economics*, Vol. 25, 1996.

R. Ashford, "The binary economics of Louis Kelso: A Democratic Private Property System for Growth and Justice", *Curing World Poverty: The New Role of Property*, 1994.

R. C. Liden, S. J. Wayne, H. Zhao, et al., "Servant Leadership: Development of a Multidimensional Measure and Multi-level Assessment", *Leadership Quarterly*, Vol. 19, 2008.

R. Dennis, B. E. Winston, "A Factor Analysis of Page and Wong's Servant Leadership Instrument", *Leadership & Organization Development Journal*, Vol. 24, 2003.

R. F. Piccolo, J. A. Colquitt, "Transformational Leadership and Job Behaviors: The Mediating Role of Core Job Characteristics", *Academy of Management Journal*, Vol. 49, 2006.

R. F. Russell, A. G. Stone, "A Review of Servant Leadership Attributes: Developing a Practical Model", *Leadership & Organization Development Journal*, Vol. 23, 2002.

R. J. House, "A Path Goal Theory of Leader Effectiveness", *Administrative Science Quarterly*, Vol. 16, 1971.

R. R. Washington, C. D. Sutton, H. S. Field, "Individual Differences in Servant Leadership: The Roles of Values and Personality", *Leadership & Organization Development Journal*, Vol. 27, 2006.

R. S. Dennis, M. Bocarnea, "Development of the Servant Leadership Assessment Instrmnent", *Leadership & Organization Development Journal*, Vol. 26, 2005.

S. Aryee, "Trust as a Mediator of the Relationship Between Organizational Justice and Work Outcomes: Test of a Social Exchange Model", Journal of Organizational Behavior, Vol. 23, 2002.

S. F. Premeaux, A. G. Bedeian, "Breaking The Silence: The Moderating Effects of Self-Monitoring in Predicting Speaking Up in The Workplace", *Journal of Management Studies*, Vol. 40, 2010.

S. H. Wagner, C. P. Parker, N. D. Christiansen, "Employees that Think and Act Like Owners: Effects of Ownership Beliefs and Behaviors on Organizational Effectiveness", *Personnel Psychology*, Vol. 56, 2003.

S. Isaacs, "Social Development in Young Children", *British Journal of Educational Psychology*, Vol. 3, 2011.

S. J. Peterson, B. M. Galvin, D. Lange, "CEO Servant Leadership: Exploring Executive Characteristics and Firm Performance", *Personnel Psychology*, Vol. 65, 2012.

S. K. Parker, T. D. Wall, P. R. Jackson, "That's Not My Job: Developing Flexible Employee Work Orientations", *Academy of Management Journal*, Vol. 40, 1997.

S. Sendjaya, J. C. Sarros, J. C. Santora, "Defining and Measuring Servant Leadership Behaviour in Organizations", *Journal of Management Studies*, Vol. 45, 2010.

S. Sendjaya, J. C. Sarros, "Servant Leadership: Its Origin, Development, and Application in Organizations", *Journal of Leadership & Organizational Studies*, Vol. 9, 2002.

T. H. Hammer, J. C. Landau, R. N. Stern, "Absenteeism When Workers Have A Voice: The Case of Employee Ownership", *Journal of Applied Psychology*, Vol. 66, 1981.

W. Liu, R. Zhu, Y. Yang, "I Warn You Because I Like You: Voice Behavior, Employee Identifications, and Transformational Leadership", *Leadership Quarterly*, Vol. 21, 2010.

Y. Zhang, K. P. Winterich, V. Mittal, "Power-Distance Belief and Impulsive Buying", *Journal of Marketing Research*, Vol. 47, 2009.

后 记

本书之所以能顺利完成，第一，要感谢教育部社会科学司和河南省哲学社会科学规划办。本书的研究有幸得到教育部人文社会科学项目和河南省哲学社会科学规划办的资助，使本书在前期文献查阅与实地调研得到足够的经费支持，从而使相关的研究工作能够持续进行。

第二，要感谢李超平教授。他在课题申请、实验设计、实地调研等过程中，提出了宝贵的建议，并在百忙之中抽空为本书撰写序言，实乃我的良师益友。在此向他表达由衷的谢意。

第三，感谢我的硕士研究生周微、牛红利、马忆萌以及本教研室的同事李根强和王亚辉，在我教学事务较为繁忙的时候，是他们帮我查阅、整理大量的文献资料与专题综述，周微、牛红利还参与了问卷设计、现场调研等工作，他们的努力使得本书的研究工作能够顺利开展。

第四，感谢焦石文和中国社会科学出版社的编辑老师一直给予的细心指导。

最后，尤其要感谢我的妻子、儿子给予我的理解、鼓励与支持，同时也向一直在身后默默支持我的家人和朋友表示感谢！

本书只是关于服务型领导研究的阶段性成果，难免存在一些纰漏和不足之处，敬请广大专家、学者和读者批评指正！

孟 勇

2019 年 5 月